Für Grażyna

Inhalt

Tabellen und Schaubilder

Vorwort

Dieses Buch ist hervorgegangen aus einer Vorlesung, die der Verfasser im Sommersemester 1992 an der Universität Mannheim gehalten hat. Es stützt sich vollständig auf gedruckt vorliegende Literatur. Sein Anliegen ist nicht die Präsentation originärer Forschungsergebnisse, sondern eine Neuinterpretation des weltgeschichtlichen Vorgangs Industrieller Revolutionen mit der Frage, was heutige Entwicklungsländer daraus für ihre Industrialisierung lernen können. Eine historische Betrachtungsweise wird demnach mit einer aktuellen Problemstellung verbunden. Es handelt sich um die Arbeit eines an Entwicklungspolitik interessierten Wirtschaftshistorikers. Sie ist geschrieben worden in der festen Überzeugung, daß die Wirtschaftsgeschichte mehr zum Verständnis der Bedingungen wirtschaftlicher Entwicklung beitragen kann, als Ökonomen und Entwicklungstheoretiker vielfach meinen. Vor allem aber zeigt sich: Industrialisierung bedarf eines langen Atems. Strategien mit einem zu kurzen Zeithorizont schaden eher, als daß sie nützen, wie man aus den Erfahrungen mit Entwicklungsländern in der Nachkriegszeit schmerzlich zur Kenntnis nehmen mußte.

Der Stoff der Vorlesung ist bei den Studenten auf großes Interesse gestoßen. Spontan wurden zahlreiche Fragen gestellt, und es kam zu fruchtbaren Diskussionen. Das wird an dieser Stelle dankend vermerkt. Die Erfahrungen, die der Verfasser dabei gemacht hat, sind bereichernd in den Text eingeflossen. Alle Fehler, die verbleiben, gehen jedoch allein auf das Konto des Autors.

Ich widme dieses Buch meiner Frau, die durch viele kritische Bemerkungen über Entwicklungshilfe in mir die Überzeugung hat reifen lassen, daß die Entwicklungsländer letztlich selbst die Voraussetzungen für ihre Industrialisierung schaffen müssen.

Mannheim, im Herbst 1993

Christoph Buchheim

I. Charakteristika Industrieller Revolutionen

1. Institutionalisierung von Wachstum

Im Jahr 1990 belief sich das Bruttosozialprodukt pro Kopf laut Bericht der Weltbank in den rund 35 ärmsten, nicht entwickelten Ländern der Welt (darunter Indien und China) im gewichteten Durchschnitt auf 360 Dollar. Demgegenüber betrug es in den OECD-Ländern, das heißt den voll industrialisierten 19 Staaten der Erde, über 20000 Dollar. Der enorme Unterschied erklärt sich aus dem Wachstum. In den meisten heute entwickelten Ländern gibt es Wachstum seit der ersten Hälfte des 19. Jahrhunderts, während es in vielen unterentwickelten Ländern bis heute nicht sicher etabliert ist. Man kann auch sagen: Das Hauptkennzeichen einer erfolgreichen Industriellen Revolution ist die Institutionalisierung von Wachstum, was zu Entwicklung führt.

Was heißt Wachstum? Gemeinhin versteht man unter Wachstum die trendmäßige Zunahme des realen Sozialprodukts pro Einwohner eines Landes über einen längeren Zeitraum hinweg. Dabei bedeutet »trendmäßig«, daß es sich um die Basistendenz, gewissermaßen die Gerichtetheit einer Zeitreihe handelt, wobei man von saisonalen und konjunkturellen Schwankungen absieht. Die tatsächliche Kurve der Sozialproduktwerte wird durch eine glattere Kurve approximiert und deren Steigung ist ein Maß für das Wachstum.

Das Sozialprodukt ist seinerseits die Summe der während einer Periode neu geschaffenen Werte aller Wirtschaftssektoren, zu der als Hauptaggregate die Landwirtschaft, das warenproduzierende Gewerbe und der Dienstleistungsbereich Beiträge leisten. Um sie überhaupt summieren zu können, müssen die materiell sehr verschiedenen Leistungen erst einmal gleichnamig gemacht werden, und das geschieht gewöhnlich mit Hilfe von Preisen. Solche Preise bilden sich an Märkten, und sie dienen unter anderem dem Ausgleich von Angebot und Nachfrage sowie der Steuerung der Ressourcen in die vorrangig gewünschten Verwendungen. Für die Zusammenstellung des Sozialprodukts bedeutet das, daß eigentlich nur Leistungen, die über Märkte gehen, leicht zu berücksichtigen sind, denn nur für solche Leistungen existieren Preise. Jedoch werden in einer Volkswirtschaft auch viele Leistungen nicht an Märkten erbracht. Man denke nur an die Leistungen des Staates, die häufig den Charakter gesellschaftlicher Vorleistungen haben; sie sind unentbehrlich für die Erstellung des Sozialprodukts, werden aber nicht gegen ein direktes Geldäquivalent den Nutzern überlassen, sondern aus Abgaben der Allgemeinheit finanziert (äußere und innere Sicherheit, Bildung, Infrastruktur usw.). Obwohl es keine Preise für sie gibt, kann man sie, schon wegen ihrer mit dem Entwicklungsniveau einer Volkswirtschaft zunehmenden Bedeutung, unmöglich bei der Berechnung des Sozialprodukts einfach weglassen. Man behilft sich, indem man sie zu ihren Kosten bewertet, begeht damit aber einen Fehler. Man kann nämlich nicht sagen, ob die Kosten tatsächlich der gesellschaftlichen Wertschätzung entsprechen oder sie etwa übersteigen und ob dementsprechend insbesondere bei hochentwickelten Volkswirtschaften mit relativ großem Staatssektor das Sozialprodukt systematisch überschätzt wird. Ein besonderes Problem ergibt sich daraus für die sozialistischen Wirtschaften, wo es überhaupt keine freie Preisbildung gibt. Alle Preise dort sind staatlich kontrolliert und mehr oder weniger arbiträr. Sozialproduktberechnungen für sozialistische Wirtschaften sind also schon deshalb äußerst zweifelhaft gewesen.

Andere Leistungen, die nicht an Märkten gehandelt werden und für die es keine Preise und keine offensichtliche Basis für die Berücksichtigung beim Sozialprodukt gibt, sind Produktionseigenleistungen der Haushalte, die von diesen selbst konsumiert werden; sie sind der sogenannte Subsistenzsektor einer Volkswirtschaft. Das Problem dabei ist, daß mit zunehmender Entwicklung der Subsistenzsektor lange Zeit relativ und absolut in seinem Gewicht zurückgeht. Leistungen, die bisher in diesem Sektor erbracht wurden (Nahrungsproduktion auf eigenem Grund, Fertigung von Bekleidung in Heimarbeit u.ä.), werden zunehmend durch an Märkten gekaufte ähnliche Leistungen, die den gleichen Zweck erfüllen, ersetzt. Die einen zählen jedoch nicht zum Sozialprodukt, weil sie nicht erfaßt werden, wohl aber die anderen. Insoweit wird eine Zunahme des Sozialprodukts also nur vorgetäuscht. Außerdem wird das

Sozialprodukt unterentwickelter Länder mit großem Subsistenzsektor im Vergleich zu dem entwickelter Länder systematisch unterschätzt. Dazu kommt, daß das Preisniveau nicht handelbarer Güter und Leistungen in Entwicklungsländern regelmäßig weit unter dem der Industrieländer liegt, was bei einer Umrechnung des Sozialprodukts mit Hilfe von Wechselkursen ebenfalls zu einer relativen Unterschätzung des Sozialprodukts von Entwicklungsländern beiträgt. Das ist demnach ein zweiter Grund dafür, neben der wahrscheinlichen Überschätzung des Beitrags des Staates zum Sozialprodukt, daß der eingangs skizzierte Unterschied im Sozialprodukt pro Kopf zwischen den Industrieländern und den ärmsten Entwicklungsländern den wahren Sachverhalt überzeichnet.

Es gibt noch weitere Kritikpunkte an der Verwendung des Sozialprodukts zur Messung von Wachstum und Entwicklung. Beispielsweise zählen positiv zum Sozialprodukt zahlreiche Leistungen, die nur dazu dienen, soziale Kosten des Wirtschaftens zu kompensieren, die ihrerseits jedoch in der Sozialproduktrechnung nirgends negativ verbucht werden (Umweltverschmutzung, Arbeitsunfälle, berufsbedingte Gesundheitsbeeinträchtigungen). Auch insoweit wird also das Sozialprodukt generell überhöht ausgewiesen, wobei fraglich ist, wie sich der diesbezügliche Anteil am Sozialprodukt bei steigendem Entwicklungsniveau einer Gesellschaft verhält. Wahrscheinlich nimmt er zu, aber nicht weil der Anteil der sozialen Kosten zunähme, sondern weil ein höheres Entwicklungsniveau relativ größere kompensatorische Leistungen erlaubt.

Ein und dasselbe durchschnittliche Sozialprodukt pro Kopf ist gut vereinbar mit sehr verschiedenen konkreten Einkommensverteilungen, weshalb sich Aussagen zum Wohlfahrtsniveau der Masse der Bevölkerung eines Landes allein mit Hilfe des Durchschnittsprodukts im Grunde genommen verbieten. Das erklärt, warum man seit geraumer Zeit versucht, den Grad der Deckung der Grundbedürfnisse der Bevölkerung insbesondere in Entwicklungsländern mit zusätzlichen Indikatoren wie der Arztdichte, der Alphabetisierungsquote oder der Kindersterblichkeit abzuschätzen und so eine genauere Aussage über den wahren Entwicklungsstand einer Volkswirtschaft zu machen.

Trotz der genannten Unzulänglichkeiten gilt dennoch: Das Konzept des Sozialprodukts ist unentbehrlich, macht es doch in einer einzigen, synthetischen Größe Aussagen über Wachstum und Entwicklung einer Wirtschaft möglich, wenn auch nicht verzerrungsfrei. Alle anderen denkbaren Indikatoren spiegeln in noch stärkerem Maße als das Sozialprodukt Ausschnitte der Realität wider und eignen sich daher, isoliert genommen, weniger als dieses zu ihrer umfassenden Einschätzung. Aus diesem Grund wird im folgenden die wirtschaftliche Entwicklung seit Beginn der Industriellen Revolution zunächst einmal anhand des Sozialprodukts verfolgt.

Bei der Betrachtung des nominalen Sozialprodukts von Jahr zu Jahr, das heißt unter Berücksichtigung der jeweils aktuellen Preise, sind Veränderungen des Sozialprodukts aufgrund der Mehr- oder Minderproduktion von Leistungen und solche infolge bloßer Änderungen des Preisniveaus vermischt. Nur erstere will man jedoch erfassen, wenn man Wachstum mißt, denn nur diese sind, in der Sprache des Ökonomen ausgedrückt, real, das heißt materiell. Man bereinigt also die nominale Reihe der Sozialproduktzahlen, und man tut das mit Hilfe eines Preisindex, der die Preisniveauänderungen, gemessen an einem Basisjahr, widerspiegelt.

Schließlich ist noch ausdrücklich darauf aufmerksam zu machen, daß Wachstum hier nicht am Sozialprodukt absolut, sondern am Sozialprodukt pro Einwohner gemessen wird. Das bedeutet umgekehrt, daß ein absolut zunehmendes Sozialprodukt nicht als Wachstum gilt, soweit die Zunahme nicht eine gleichzeitig stattfindende Bevölkerungsvermehrung übersteigt. Rein statistisch gesehen, konterkariert demnach ein Wachstum der Bevölkerung Wirtschaftswachstum – ein Zusammenhang, der in vielen Entwicklungsländern tatsächlich auch sichtbar zu werden scheint. Das gilt jedoch nicht uneingeschränkt. Denn im Prinzip stellen zusätzliche Menschen zusätzliche Arbeitskräfte dar, und sie sind daher eigentlich, ökonomisch betrachtet, Ressourcen. Das Geheimnis von Entwicklung scheint vielfach gerade darin zu liegen, diese potentiellen Ressourcen wirtschaftlich wirklich sinnvoll zu nutzen.

Tabelle 1: Durchschnittliches jährliches Wachstum des Sozialprodukts pro Kopf in Prozent

	1700–1820	1820–1990	1820–1913	1913–1950	1950–1973	1973–1990	1965–1990
Großbritannien	0,3	1,3	1,1	0,8	2,6	1,8	–
Belgien	–	1,5	1,3	0,7	3,6	2,1	–
Dänemark	–	1,6	1,2	1,5	3,1	1,7	–
Deutschland	–	1,7	1,1	0,7	5,0	2,0	–
Frankreich	0,2	1,5	1,0	1,1	4,1	1,9	–
Niederlande	–0,1	1,4	1,0	1,1	3,5	1,4	–
Schweden	–	1,7	1,0	2,1	3,3	1,6	–
Schweiz	–	–	1870–1913: 1,2	2,1	3,1	1,1	–
USA	–	1,7	1,7	1,6	3,1	1,5	–
Japan	–	1870–1990: 2,8	1870–1913: 1,4	0,9	8,1	3,1	–
Durchschnitt vorstehender Industrieländer	0,2	1,7	1,2	1,3	3,9	1,8	–
OECD-Länder*	–	–	–	–	–	–	2,4
Südkorea	–	–	–	–	–	–	7,1
Indien	–	–	–	0,4	1950–1965: 2,5	–	1,9
ca. 35 ärmste Entwicklungsländer* (ohne China und Indien)	–	–	(darunter 14 afrikanische Länder mit im Durchschnitt negativen Wachstumsraten)				1,7
ca. 50 Entwicklungsländer mit mittlerem Einkommen* (ab 611 $ pro Einwohner 1990)	–	–	–	–	–	–	2,2

* gewogener Durchschnitt

Quellen: A. Maddison, Dynamic Forces in Capitalist Development. Oxford u.a. 1991; Ders., Phases of Capitalist Development. Oxford u.a. 1982; OECD, Historical Statistics 1960–1990; Weltbank, Weltentwicklungsbericht 1992; B.R. Mitchell, International Historical Statistics. Africa and Asia. London 1982.

In der Tabelle 1 sieht man, daß in den heutigen Industrieländern im allgemeinen in der ersten Hälfte des 19. Jahrhunderts eine Beschleunigung des Wachstums eingetreten ist – in Großbritannien ein wenig früher als in den anderen Ländern, in Japan einige Jahrzehnte später, nach 1870. Im Vergleich zu den wenigen Zahlen, die Wachstumsschätzungen während der vorindustriellen Zeit wiedergeben, vervielfachte sich das Wachstum seit Beginn der Industriellen Revolution in den heutigen Industrieländern generell. Zwar war die vorindustrielle Epoche nicht wachstumslos, ja, daß es damals, über die Jahrhunderte hinweg gesehen, ebenfalls ein gewisses Wachstum gegeben hat, hat durch die so mögliche langsame Kapitalakkumulation schließlich eine wichtige Voraussetzung für die Industrielle Revolution geschaffen. Aber das Wachstum war im Durchschnitt sehr gering, es gab lange Zeiten der Stagnation und des Rückgangs (zum Beispiel in den Niederlanden seit dem 17. Jahrhundert). Insgesamt war nicht sicher, daß Wachstum von Generation zu Generation überhaupt merklich stattfand, vielmehr war das Lebensgefühl der Menschen, waren viele ihrer Institutionen (Eherecht, Zinsrecht, Zünfte, Ständegesellschaft) eher auf einen Zustand der Wachstumslosigkeit und dementsprechend verminderter Mobilität hin ausgerichtet.

Das hat sich seit der Industriellen Revolution geändert. Seitdem ist spürbares Wachstum – spürbar durch die Veränderungen in Wirtschaft und Gesellschaft, die es mit sich bringt, wie Strukturwandel, Lebensstandarderhöhung, Urbanisierung – das fast sichere, sozusagen prognostizierbare Ergebnis des Wirtschaftens von Dekade zu Dekade. Insofern kann man also in der Tat von der »Institutionalisierung des Wachstums« durch die Industrielle Revolution sprechen, obwohl, wie gesagt, frühere Zeiten nicht absolut wachstumslos waren. Offensichtlich hat es auch in Entwicklungsländern streckenweise ein gewisses Wachstum gegeben, besonders während des weltweiten Aufschwungs nach dem Zweiten Weltkrieg. Aber es scheint, daß dieses Wachstum in vielen Fällen unsicherer als in den Industrieländern war, und es war generell niedriger. Ein Land, das heute eine Industrielle Revolution durchmacht, müßte jedoch ein höheres Wachstum als die Länder, die schon industrialisiert sind, aufweisen, um sich strukturell diesen über kurz oder lang anzugleichen und irgendwann als »entwickelt« gelten zu können. Es ist denn auch charakteristisch, daß das sich gerade industrialisierende Südkorea in letzter Zeit exzeptionell hohe Wachstumsraten aufweist. Umgekehrt könnte die Pionierrolle Großbritanniens dafür mitverantwortlich sein, daß dieses Land im säkularen Durchschnitt offenbar die niedrigste Wachstumsrate aller Industrieländer aufwies. Es scheint also tatsächlich, wie ja auch zu erwarten ist, einen gewissen Zusammenhang zu geben zwischen dem Zeitpunkt des Beginns der Industriellen Revolution und den maximalen Wachstumsraten, die im Verlauf der Industriellen Revolution über längere Zeit hinweg erzielt werden, so daß Spät-Industrialisierer also schneller wachsen. Auf diese Weise wird erklärlich, daß die Pro-Kopf-Produkte der Industrieländer heute ziemlich nahe beisammen liegen, obwohl ursprünglich Großbritannien in Europa mit Abstand vorn lag und noch im Jahre 1950 Japan kaum ein Drittel des Sozialprodukts pro Einwohner hatte wie die anderen Industrieländer.

Insgesamt ist erstaunlich, wie wenig die langfristige Durchschnittsrate des Wachstums der meisten Industrieländer streut: Sie liegt generell zwischen 1,4 und 1,7 Prozent pro Jahr, lediglich in Großbritannien fällt sie auf 1,3 Prozent. In Japan scheint sie allerdings viel höher zu sein, was jedoch wohl mit seinem späten Start in die Industrialisierung zusammenhängt, weshalb die Messung ja hier auch erst 1870 beginnt. Daß es offenbar also etwas wie die Normalrate des Wachstums in einer größeren Anzahl von Ländern, die als Gruppe seit langem an der Spitze des technischen Fortschritts marschieren, gibt, läßt sich vielleicht folgendermaßen plausibel machen: Wachstum hängt, sind die Möglichkeiten der Einbeziehung zusätzlicher Ressourcen erst einmal erschöpft, von der intensiveren Nutzung der vorhandenen Ressourcen ab. Das aber macht immer »intelligentere« Lösungen erforderlich. Ganz entsprechend der neoklassischen Wachstumstheorie ist verstärkte Sachkapitalbildung allein nicht geeignet, *dauerhaft* höhere Wachstumsraten zu erzielen. Vielmehr scheint der strategische Faktor das Humankapital zu sein, das heißt das Wissen der Menschen eben um intelligentere Lösungen in Form des technischen Fortschritts, bessere organisatorische Kenntnisse, learning-by-doing-Effekte und der Ausbildungsstand. Die Neubildung von Humankapital hat mit der geistigen Aufnahmefähigkeit des Menschen zu tun und dürfte insoweit einer physiologischen Konstante ähneln. Sie geht also nicht beliebig schnell vonstatten. Deshalb gibt es möglicherweise in der Tat eine »natürliche Wachstumsrate«, die sich manifestiert in der langfristigen Durchschnittsrate des Wachstums fortgeschrittener Industrieländer, die nicht mehr die Möglichkeit haben, Humankapital durch pure Imitation und Adaption anderwärts schon gemachten technischen Fortschritts besonders rasch aufzubauen.

Es ist nun recht interessant zu beobachten, daß es seit der Industriellen Revolution, also seit der Institutionalisierung von Wachstum mit einer im Vergleich zu früheren Jahrhunderten viel höheren, dennoch langfristig ziemlich stabilen Rate, sehr wohl verschiedene Phasen gegeben hat, in denen sich die Wachstumsraten auf mittlere Sicht massiv voneinander unterschieden. Eine erste dieser Phasen dauerte bis zum Ausbruch des Ersten Weltkriegs. In ihr entsprach die durchschnittliche Wachstumsrate der Industrieländer in etwa dem säkularen Mittel, also der natürlichen Rate, jedenfalls wenn man berücksichtigt, daß man sich nach 1820 zunächst in der Anlaufperiode der Industriellen Revolution mit langsamer Beschleunigung des Wachstums befand. Im großen und ganzen handelte es sich, gemessen am Wachstum, um eine Normalperiode kapitalistischer Entwicklung. Es liegt daher nahe anzunehmen, daß auch die Wirtschaftsordnung damals dieser relativ gleichmäßigen Entwicklung entlang dem natürlichen Wachstumspfad adäquat war. Ökonomen sind ja geneigt, der Wirtschaftsordnung einen sehr weitgehenden Einfluß auf die reale wirtschaftliche Entwicklung zuzubilligen. Das also hieße, eine liberale Wirtschaftsordnung nach innen und außen, in der die Marktkräfte freies Spiel haben und der Staat nur gewisse Rahmenbedingungen setzt – so läßt sich nämlich grosso modo die Wirtschaftsordnung vor dem Ersten Weltkrieg beschreiben – ist kapitalistischer Entwicklung am zuträglichsten.

Genau das scheint sich in der Zeit der Weltkriege dann zu bestätigen. Zwischen 1913 und 1950 lag die Wachstumsrate vieler Industrieländer im Durchschnitt drei bis vier Jahrzehnte lang unter der natürlichen Rate. Besonders einige stark in die Weltwirtschaft verflochtene, von dieser abhängige Länder wie Großbritannien, Belgien, Deutschland und Japan wiesen bedeutend niedrigere Raten auf als im säkularen Mittel. Die USA dagegen, die aufgrund ihrer Größe nicht so abhängig vom Weltmarkt waren, wuchsen relativ ungestört weiter, ebenso wie die beiden neutralen Länder

Schweden und die Schweiz, in denen sich sogar eine Wachstumsbeschleunigung im Vergleich zur vorhergehenden Periode ergab. Das waren jedoch offenbar Sonderfälle. Insgesamt deutet viel darauf hin, daß es vor allem die Weltwirtschaftsordnung gewesen ist, die dem Wachstum in der ersten Hälfte des 20. Jahrhunderts hinderlich war. Tatsächlich gab es damals, nicht zuletzt als Folge des Ersten Weltkriegs, überbordenden Protektionismus, der sich im Lauf der Zeit, vor allem im Zuge der Weltwirtschaftskrise zu Beginn der dreißiger Jahre, noch steigerte. Hohe Zölle, Quoten, Devisenbewirtschaftung und Bilateralismus behinderten allenthalben den freien Austausch von Gütern und Leistungen. Dies war die bisher einzige Periode seit der Industriellen Revolution, in der der Welthandel langsamer zunahm als die Weltproduktion. Damit fiel jedoch ein wesentlicher Wachstumsmotor aus, und die Folge waren außergewöhnlich niedrige Wachstumsraten in einer ganzen Reihe von Industrieländern.

In der Nachkriegszeit änderte sich das Bild wieder. Etwa ein Vierteljahrhundert lang herrschte ein Boom bis dahin unbekannten Ausmaßes mit weit über den natürlichen liegenden durchschnittlichen Wachstumsraten der meisten Industrieländer. Es ist sehr charakteristisch, daß nun die USA fast das Schlußlicht bildeten mit einer Rate, die weniger über dem säkularen Durchschnitt lag als in anderen Ländern. Das deutet darauf hin, daß hier teilweise ein gigantischer Aufholprozeß stattfand. Europäische Industrieländer, in der Zwischenkriegszeit hinter den Spitzenstand von Technik und Produktivität, repräsentiert durch die USA, zurückgefallen, konnten gleichsam von ihrem Rückstand profitieren, der praktisch ein durch Imitation realisierbares Potential überdurchschnittlichen Wachstums darstellte. Das galt um so eher, wenn man, was wohl plausibel ist, annimmt, daß zumindest Teile des Humankapitals auch in Krisenperioden gleichmäßig weiter zunehmen, sich also möglicherweise ein Überschuß an Humankapital schon angesammelt hatte, der ebenfalls zu den erhöhten Wachstumsraten beitrug. Japan ist hingegen, wie schon gesagt, als Spät-Industrialisierer ein Sonderfall, bei dem nochmals erhöhte Wachstumsraten ebenfalls erwartbar waren.

Warum aber konnte es gelingen, den Wachstumsstau in

der Nachkriegszeit aufzulösen? Unter Führung und gelindem Druck der USA, die sich selbst von ihrem Hochprotektionismus abgewandt hatten, fand eine Rückwende zu mehr Liberalismus, insbesondere was die Weltwirtschaftsordnung anbelangt, statt. Im Lauf der fünfziger Jahre wurde der Protektionismus entscheidend vermindert, es wurde allgemeine Währungskonvertibilität hergestellt und multilateraler Handel durchgesetzt. Der Welthandel wurde auf diese Weise wieder zu einem Motor des Wachstums, ja, zu dessen eigentlichem Auslöser und Überträger. Einmal mehr zeigte sich, daß Wachstum im Kapitalismus kein Nullsummenspiel ist, bei dem einer nur das gewinnen kann, was ein anderer verliert, sondern daß es ansteckend und kumulativ wirkt.

Die Periode des Aufschwungs reichte ziemlich genau bis 1973, dem Jahr der ersten Ölpreisexplosion und des Zusammenbruchs des Systems fester Wechselkurse. Letzteres war angesichts der immer weiter auseinanderklaffenden Inflationsraten in den Industrieländern untragbar geworden und wurde vom Floating der großen Währungen gegeneinander abgelöst. Generell galt zudem, daß ein stark erhöhtes Inflationsniveau das Ende des Wachstumsbooms anzeigte, an das sich zu gewöhnen die Volkswirtschaften offenbar Schwierigkeiten hatten, weshalb die Preissteigerungsraten zunahmen. Im Rückblick betrachtet, wird jedoch klar, daß das erhöhte Wachstums*potential* sich durch das raschere Wachstum irgendwann aufbrauchen mußte, daß, mit anderen Worten, der Rückstand gegenüber den USA und das angesammelte Humankapital nur vorübergehend eine durchgreifende Erhöhung der Wachstumsrate weit über die natürliche hinaus erlauben konnten. Nach dieser Zeit mußte aber die natürliche Rate des Wirtschaftswachstums wieder maßgebend werden. Genau das ist offenbar seit 1973 eingetreten: Die Wachstumsrate der Industrieländer ist im Durchschnitt ziemlich abrupt in etwa auf ihr säkulares Mittel gefallen. Es ist wohl auch in Zukunft mit Wachstum zu rechnen, das heißt die Industrielle Revolution wirkt weiter, indem Wachstum institutionalisiert bleibt. Jedoch wird sich die Rate dieses Wachstums in den alten Industrieländern nur maßvoll entwickeln, es sei denn, unvorhergesehene Ereignisse lassen erneut einen Wachstumsstau entstehen.

2. Anstieg des Lebensstandards

Das geschilderte starke Wachstum des Sozialprodukts seit der Industriellen Revolution bedeutete in den Industrieländern natürlich die Möglichkeit für eine gewaltige Anhebung des Lebensstandards breiter Schichten der Bevölkerung. Für die vorindustrielle Periode dagegen war es typisch, daß nur eine schmale Oberschicht in wirklichem Wohlstand lebte, die Masse der Menschen aber schon zufrieden sein mußte, wenn sie die Lebensgrundbedürfnisse Nahrung, Kleidung und Wohnen einigermaßen decken konnte. Dasselbe gilt noch heute für die Entwicklungsländer, wobei dort für viele selbst die Befriedigung ihrer Grundbedürfnisse äußerst prekär ist.

Ob allerdings die Möglichkeit zur Lebensstandardsteigerung der Masse der Bevölkerung, die sich infolge des Wachstums ergab, tatsächlich umgesetzt wurde, hing von der Entwicklung der Einkommensverteilung ab. Darum wenden wir uns in einer kurzen Betrachtung nun dieser zu: Die verfügbaren Daten scheinen für die Industrieländer übereinstimmend auf eine Abnahme der Ungleichheit der Einkommensverteilung seit dem Ende des 19. Jahrhunderts hinzudeuten. So belief sich in Großbritannien der Anteil der obersten 20 Prozent der Einkommensbezieher an den gesamten Primäreinkommen im Jahre 1880 auf 58 Prozent, 1938 auf etwa 50 Prozent und 1957 auf gut 41 Prozent. Nach Steuern war die Ungleichheit noch geringer, im Jahre 1957 mit einem Anteil von 38 Prozent für die ersten 20 Prozent der Einkommensbezieher. In (West-)Deutschland betrug der entsprechende Anteil für die obersten 20 Prozent der Einkommenspyramide im Jahre 1913 50 Prozent und 1959 43 Prozent. Allerdings ergab sich hier charakteristischerweise während der NS-Zeit eine Verstärkung der Einkommensungleichheit auf 53 Prozent für die obersten 20 Prozent 1936. Für Dänemark lauten die Anteile für die obersten zehn Prozent 1870 50 Prozent; 1908 39 Prozent; 1939 35 Prozent; 1955 27 Prozent. Und in den USA sank der Einkommensanteil der ersten fünf Prozent von 30 Prozent im Jahre 1929 auf 20 Prozent in der zweiten Hälfte der fünfziger Jahre, während derjenige der untersten 60 Prozent von 26 auf 32 Prozent zunahm. Nach Steuern lauten die Zahlen für das Jahrfünft nach 1955 sogar 18 bzw. 34 Prozent. Die Schlußfolgerung aus diesen Zahlen kann daher nur heißen: Das Wachstum kommt seit langem der Masse der Bevölkerungen der Industrieländer offenbar besonders zugute, da deren Einkommen überproportional zunahmen. Und zwar gilt das bereits für die Primäreinkommen, erst recht aber nach der Einkommensumverteilung durch den Staat.

Einen zusätzlichen Beleg für die beschriebene Beobachtung findet man, wenn man die Industrie- mit den Entwicklungsländern vergleicht. Es zeigt sich nämlich, daß die Ungleichheit der Einkommensverteilung in letzteren generell größer ist als in ersteren. Zunehmende Entwicklung scheint sich demnach wirklich längerfristig in einer Verminderung der relativen Einkommensungleichheit niederzuschlagen, was offenbar nur bei ganz niedrigen Entwicklungsniveaus, gemessen am Sozialprodukt pro Kopf, nicht zutrifft. Dort scheint vielmehr zunächst häufig die Ungleichheit der Einkommensverteilung bei wachsenden Durchschnittseinkommen zuzunehmen. Insgesamt ergibt sich also bei Entwicklung ein U-förmiger Verlauf der Einkommensverteilung, gemessen als Anteil der untersten 40 Prozent der Einkommensbezieher am Gesamteinkommen.

Tatsächlich ist der Lebensstandard der breiten Bevölkerung in den Industrieländern enorm gewachsen. Etwas anderes ist unmöglich, wenn das Durchschnittseinkommen pro Kopf stark zunimmt und gleichzeitig der Anteil der Oberschicht am Gesamteinkommen sinkt. Es gibt dafür aber auch direkte Indikatoren. Da ist zum einen die Entwicklung der Reallöhne von Arbeitern, die ja als Gruppe mit ihren Familien regelmäßig einen großen Anteil an der Bevölkerung von Industrieländern stellen. Nach neueren Untersuchungen besteht kaum mehr ein Zweifel, daß die Reallöhne von unselbständig Beschäftigten schon während der Industriellen Revolution in Großbritannien nicht unbeträchtlich um etwa 75 Prozent gestiegen sind. Sicher ist zudem, daß sie seit dem Ende der 1860er Jahre bis etwa 1900 wiederum stark und kontinuierlich zugenommen haben. Schließlich haben sie sich seit dem Zweiten Weltkrieg noch einmal mehr als verdreifacht, nachdem sie in der Zwischenkriegszeit allerdings wesentlich langsamer gewachsen und zeitweise sogar gefallen sind.

In Deutschland setzte um 1870 ein Anstieg des Realeinkommens von Arbeitern ein, und bis zum Ausbruch des Ersten Weltkrieges verdoppelte sich dieses beinahe. Danach nahm es unter Schwankungen bis 1939 nur noch um ein Fünftel zu – ein deutlicher Ausdruck der oben erwähnten Wachstumsschwäche in diesem Zeitraum. Auch im Jahre 1950 lag das Realeinkommen noch kaum höher. Dann aber setzte eine rasante Zunahme ein auf mehr als den vierfachen Wert von 1913 am Ende der achtziger Jahre. Ähnlich wie in Großbritannien und Deutschland stiegen die Reallöhne ebenfalls in den anderen Industrieländern (1860 bis 1960: in Frankreich auf das 4,1fache, in Schweden auf das 7,5fache, in den USA auf das 5,3fache; zum Vergleich: in Deutschland auf das 4fache; in Großbritannien auf das 4,2fache).

Ein anderer Indikator für den gewachsenen Lebensstandard in den Industrieländern ist die Zusammensetzung des privaten Konsums. Denn mit steigenden Haushaltseinkommen verschieben sich die Anteile der Ausgaben für einzelne Güterkategorien an den Gesamtaufwendungen beträchtlich. Das ist eine Folge unterschiedlicher sogenannter Einkommenselastizitäten, das heißt der Tatsache, daß sich nicht alle Ausgabenarten im Gleichschritt mit den Einkommen ändern, sondern manche über-, andere unterproportional und dritte gar gegenläufig (inferiore Güter). Zum Beispiel ist es sehr typisch, daß bei zunehmendem Einkommen und Lebensstandard die Ausgaben repräsentativer Haushalte für Nahrungsmittel zwar nicht absolut, wohl aber relativ zu den Ausgaben insgesamt zurückgehen (Tabelle 2). Das aber heißt umgekehrt, der *Anteil* der Nahrungsausgaben am gesamten Privatkonsum deutet auf die Höhe des Lebensstandards der

Tabelle 2: Anteil der Ausgaben für Ernährung am gesamten Verbrauch privater Haushalte in den achtziger Jahren in Prozent

Entwicklungsländer:	Tansania	Bangladesh	Indien	Indonesien	Brasilien
	64	59	52	48	35
Industrieländer:	Groß-britannien	Frank-reich	Deutsch-land	USA	Japan
	12	16	12	13	16

Quelle: Weltbank, Weltentwicklungsbericht 1990.

Masse der Bevölkerung eines Landes hin und damit auf das Entwicklungsniveau seiner Volkswirtschaft. Ist jener hoch, dann ist der durchschnittliche Lebensstandard offenbar recht niedrig und umgekehrt.

Manche andere Ausgabenkategorien, wie diejenigen für Wohnen und vor allem für alle Arten von Dienstleistungen (Gesundheit, Reisen, Bildung, Verkehr) außer häuslichen Diensten, steigen hingegen anteilmäßig bei zunehmendem Lebensstandard.

Festzuhalten bleibt: Der Lebensstandard breiter Schichten der Bevölkerung in den Industrieländern ist infolge der durch die Industrielle Revolution erfolgten Institutionalisierung von Wachstum im Lauf der Jahrzehnte stark gestiegen. Im übrigen scheint mit der Lebensstandarderhöhung der Masse der Bevölkerung in den Industrieländern eine Tendenz der Menschen zu vermehrter politischer Partizipation verknüpft gewesen zu sein. In den Entwicklungsländern dagegen läßt sich beobachten, daß die ganz Armen meist unfähig sind, sich zu organisieren und aktive Mitsprache über ihr Schicksal zu erlangen. Dazu gehört vielmehr eine gewisse materielle Mindestsicherheit des Lebens, die eine leidliche Befriedigung der Grundbedürfnisse auch in der absehbaren Zukunft garantiert. So war es beispielsweise für die heutigen Industrieländer im letzten Jahrhundert typisch, daß sich zunächst die Facharbeiter, das heißt die qualifizierteste und bestbezahlte Untergruppe der Arbeiter, gewerkschaftlich zusammenschlossen, um ihre Löhne und Arbeitsbedingungen weiter zu verbessern. In Deutschland gehörten dazu die Buchdrucker, die etwa seit der Mitte des 19. Jahrhunderts gewerkschaftsähnliche Vereine gründeten. Auch tauchen in autoritär regierten Ländern, die sich industrialisieren und wo der Lebensstandard steigt, zunehmend Forderungen nach Etablierung demokratischer Zustände auf, die über kurz oder lang regelmäßig zur Demokratisierung führen. Das ist heute etwa in Südkorea und Taiwan der Fall, und das war in Deutschland und Japan ähnlich. Außerdem zeigt sich, daß die stabilsten Demokratien der Welt fast alle in den hochentwickelten Ländern mit hohem Lebensstandard der Bevölkerung existieren. Dagegen gibt es viele Beispiele, daß demokratische Verhältnisse in Entwicklungsländern sich nicht lange halten konnten und alsbald durch einen Militärputsch beseitigt oder durch die Herrschaft von Oligarchien verfälscht worden sind.

Das sollte deutlich gemacht haben, daß Wachstum und Erhöhung des Lebensstandards offenbar für die politische Organisation von Gesellschaften höchst wünschenswerte Konsequenzen haben. Das, was gemeinhin mit kritischem Unterton Konsumgesellschaft genannt wird, ist eben gleichzeitig der Typ Gesellschaft, in der persönliche Freiheit und Partizipationsmöglichkeiten der Bürger am weitesten fortgeschritten sind. Konsum und Freiheit scheinen erheblich miteinander korreliert zu sein!

3. Der demographische Übergang

Um 1800 stellte Thomas Robert Malthus das nach ihm benannte Bevölkerungsgesetz auf. Dieses Gesetz bietet eine Erklärung dafür, daß es in vorindustrieller Zeit öfters zu Überbevölkerungskrisen gekommen ist, und prognostiziert, daß das so bleiben würde, da die Bevölkerung die Tendenz habe, sich in geometrischer Progression zu vermehren, während der Nahrungsspielraum allenfalls arithmetisch zunehme. Daher müsse, wenn nicht vorbeugende Maßnahmen der Verlangsamung des Bevölkerungswachstums (»preventive checks«) wie Ehelosigkeit und Geburtenkontrolle sehr effektiv seien, die Bevölkerung von Zeit zu Zeit an die Grenze des Nahrungsspielraums stoßen. Dann träten Mechanismen der Bevölkerungsreduktion (»positive checks«) in Aktion, und die Bevölkerung werde durch Hunger, Epidemien, Kriege usw. wieder dezimiert.

Das Malthussche Gesetz besitzt nach wie vor Plausibilität für die Beschreibung der demographischen Entwicklung in der vorindustriellen Periode. Dagegen trifft es offensichtlich auf die Lage in den heutigen Industrieländern nicht zu. Das begann zur Zeit der Industriellen Revolution, als das Bevölkerungswachstum rasch zunahm, jedoch keine »positive checks« auftraten, obwohl man vielerorts das Gefühl haben konnte, daß der Nahrungsspielraum wieder einmal ausgereizt sei (Preissteigerungen, Hungerkrisen). Nach ein bis zwei Generationen hörte die Beschleunigung dann auf, das Bevölkerungswachstum verharrte aber noch eine Weile auf hohem Niveau, weit über dem, das in der vorindustriellen Zeit üblich gewesen war. Schließlich ging es zurück auf sehr niedrige, in manchen Industrieländern heute gar negative Raten.

Um den Gründen für diese Entwicklung auf die Spur zu kommen, muß man das Verhalten der Geburten- und Sterberate betrachten, deren Zusammenspiel, abgesehen von Wanderungsbewegungen, die für manche Länder (etwa die USA) allerdings extrem wichtig waren, das Bevölkerungswachstum erklärt. Das nebenstehende Schaubild 1 gibt die Verhältnisse in Schweden wieder, für das besonders lange und detaillierte Reihen beider Raten vorliegen. Es ist jedoch repräsentativ auch für die meisten anderen der heutigen Industrieländer.

Zunächst kann man beobachten, daß die normalen Geburten- und Sterberaten in der vorindustriellen Zeit beide sehr hoch lagen, woraus sich als Differenz ein moderates natürliches Bevölkerungswachstum ergab. Die Geburtenrate betrug zwischen drei und vier Prozent pro Jahr, die Sterberate knapp unter drei Prozent. Das sind Raten, die auch in anderen Ländern üblich waren (Großbritannien bis 1760: 3,4 bzw. 2,9 Prozent; Deutschland 1830: 3,5 bzw. 2,7 Prozent). Allerdings wiesen manche Jahre Spitzenwerte der Sterberate auf, die weit über dem normalen Niveau lagen. Das waren die Folgen von Hungerkrisen und Epidemien. In denselben Jahren hatten andererseits die Geburtenraten regelmäßig ein Tief. Solche Jahre lassen sich demnach als Wirkung Malthusscher »positive checks« interpretieren, in denen die Bevölkerung reduziert wurde. Im ersten Drittel des 19. Jahrhunderts, zu Beginn der Industriellen Revolution in Schweden, knickt der bis dahin horizontale Trend der Sterberate dann plötzlich nach unten ab. Die Geburtenrate dagegen verharrte noch eine Generation lang auf ihrem hergebrachten Niveau. Daraus folgt, daß die Differenz zwischen beiden Raten zunahm und das Bevölkerungswachstum sich beschleunigte (bis auf etwa 1,5 Prozent pro Jahr). Schließlich begann jedoch auch die Geburtenrate zu sinken, und sie sank irgendwann sogar schneller als die Sterberate, so daß sich die Schere wieder schloß – das Bevölkerungswachstum ging zurück. Nach dem Zweiten Weltkrieg pendelten sich beide Raten auf

Schaubild 1: Bevölkerungsbewegung in Schweden in Promille

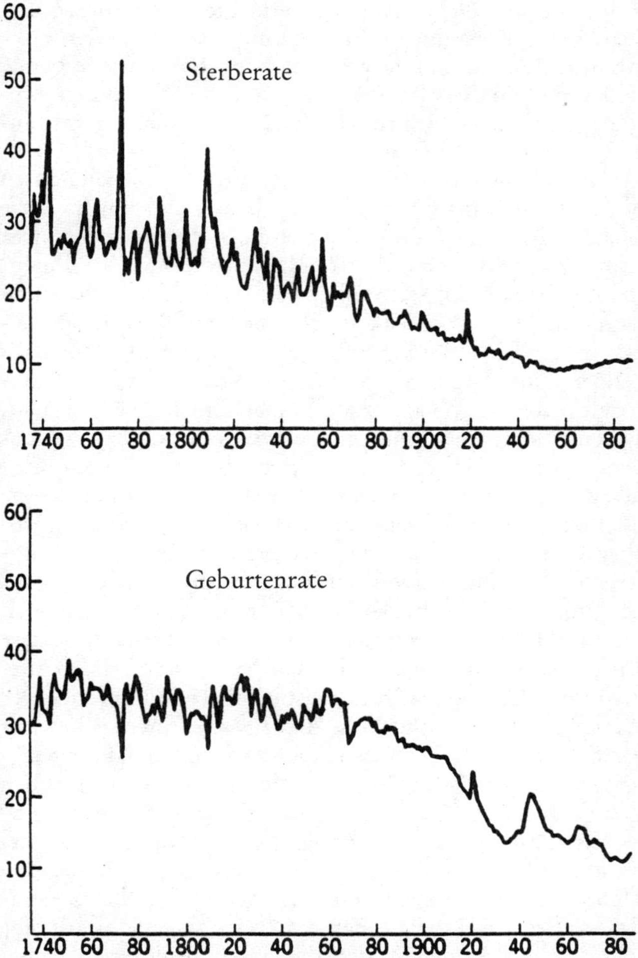

Quelle: A. Maddison, Dynamic Forces in Capitalist Development. Oxford u. a. 1991, S. 61.

einem niedrigen Niveau um ein Prozent ein, ihr Trend neigte sich der Horizontalen zu, das normale Bevölkerungswachstum erreichte seinen Tiefpunkt.

Die beschriebene Entwicklung von der vorindustriellen Zeit mit hoher Geburten- und Sterberate und mittlerem Bevölkerungswachstum zur Bevölkerungsweise nach der Industriellen Revolution mit niedriger Geburten- und Sterberate und geringem Bevölkerungswachstum heißt »demographischer Übergang«. Ein solcher fand in allen heutigen Industrieländern statt.

Was sind die Gründe, die zu den unterschiedlichen Phasen dieses Transformationsprozesses führten, und warum hatte Malthus mit seiner Prognose für die Industrieländer nicht recht? Zunächst unterschätzte Malthus offenbar das Potential für Produktionssteigerungen in der Landwirtschaft und damit die Möglichkeiten der Erhöhung der Nahrungsmittelerzeugung mit Hilfe des technischen Fortschritts. Jedenfalls gehörte eine »Agrarrevolution« zu allen bisherigen Industriellen Revolutionen dazu, und diese brachte neue Anbausysteme, vermehrte Düngung, verbesserte Saaten und Bodennutzung mit sich. Diese Fortschritte ermöglichten nicht nur die Ernährung von mehr Menschen, sondern auch eine hochwertigere Ernährung, und sie waren somit ein wesentlicher Grund dafür, daß die Sterberate während der Industriellen Revolution zuerst zu sinken begann. Weitere Gründe dafür waren der hygienische Fortschritt – man denke an die Einführung der Kanalisation in den Städten, an bessere Kleidung und die Verwendung von Seife – und größere medizinische Kenntnisse, zum Beispiel über die Impfung. Der Rückgang der Sterblichkeit, der auf diese Weise bewirkt wurde, war nach einer Weile besonders ausgeprägt bei Säuglingen und Kindern, bei denen sie in der vorindustriellen Zeit ja auch besonders hoch war. Es dauerte jedoch eine gewisse Zeit, bis sich die Erkenntnis, daß die Überlebenswahrscheinlichkeit ihrer Kinder angestiegen war, bei den Menschen durchsetzte. Dann aber begann etwa eine Generation später auch die Fruchtbarkeit zu sinken, die durchschnittliche Zahl der Kinder, die eine Frau in ihrem Leben gebar, verminderte sich, und damit verringerte sich zeitverzögert die Geburtenrate ebenfalls. Mit steigendem Lebensstandard, zunehmender Industrialisierung sowie dem in allen Industriestaaten immer enger geknüpften sozialen Netz änderte sich der ökonomische Stellenwert, den Kinder in den Familien innehatten. Konnte man Kinder früher als Investition zur Sicherung der eigenen Zukunft im Alter ansehen, trat dieser Gesichtspunkt mit der Entstehung der Arbeitnehmergesellschaft, mit der Sozialversicherung und mit einem Anstieg der Einkommen, der die Möglichkeiten der individuellen Altersvorsorge ungeahnt erweiterte, in den Hintergrund. Stattdessen dominiert heute in den Industrieländern der Aspekt der Unterhalts- und Ausbildungskosten der Kinder, die in der Tat stark angestiegen sind infolge des sehr erhöhten gesellschaftlichen Standards der Kindern zukommenden Versorgung und des wesentlich späteren Eintritts in das Arbeitsleben. Diese Dominanz des Kosten- über den Investitionsaspekt machte seinerseits zum ersten Mal in der Geschichte die Malthusschen »preventive checks« höchst effektiv, da sie jetzt im Interesse der meisten Menschen lagen. Unterstützend kamen die verbesserten technischen Möglichkeiten der Geburtenkontrolle hinzu, die allein jedoch nicht ausschlaggebend sind, wie man an den Entwicklungsländern sieht. Zusammen führte das zu der im historischen Vergleich extrem niedrigen, ja das Niveau der Sterberate teilweise unterschreitenden Geburtenrate, die in den Industrieländern heute üblich ist und die das Bevölkerungswachstum in engen Grenzen hält.

Hohes Bevölkerungswachstum ist dagegen, wie man weiß, ein gravierendes Problem in vielen Entwicklungsländern. So betrug das natürliche Wachstum in den rund 35 ärmsten Ländern der Welt (ohne Indien und China) in den achtziger Jahren noch 2,6 Prozent pro Jahr, und damit lag und liegt die Rate dort wesentlich höher, als sie in den Industrieländern je war. Erschwerend kommt hinzu, daß in den heutigen Entwicklungsländern die Bevölkerung rasant wächst, bevor die Industrialisierung richtig eingesetzt hat, also bevor sich ihr Übergang zu einer Gesellschaft mit institutionalisiertem Wachstum des Pro-Kopf-Einkommens und mit einem durchgreifend erhöhten Entwicklungsniveau endgültig abzeichnet. Ja, es scheint eher so zu sein, daß das Wachstum der Bevölkerung das absolute Wachstum des Sozialprodukts, das sich ergibt, weitgehend neutralisiert und es auf diese Weise zu keinem Anstieg des Lebensstandards der

Masse der Bevölkerung kommen kann. In den heutigen Industrieländern dagegen setzte größeres Bevölkerungswachstum erst ein, als die Industrielle Revolution auf gutem Wege war, und der Höhepunkt des Bevölkerungswachstums lag in der Regel in einer Zeit, als die Entwicklung hin zum Industriestaat schon weit fortgeschritten war (in Großbritannien um die Mitte des 19. Jahrhunderts; in Deutschland um 1900). Damit stieß die mit einer wachsenden Bevölkerung verbundene Ausweitung des Arbeitskraftpotentials in den heutigen Industrieländern auf eine rege Nachfrage nach Arbeitskräften, wie sie sich aus dem Industrialisierungsprozeß ergab, und sie kann als wachstumsfördernd angesehen werden. In den Entwicklungsländern hingegen herrscht ohnehin schon verbreitet Unterbeschäftigung, zusätzliche Arbeitskräfte sind im Moment dort nur eine Belastung.

Das hohe Bevölkerungswachstum in den Entwicklungsländern ist die Folge der Tatsache, daß einerseits die Geburtenrate noch annähernd auf dem Niveau der vorindustriellen Periode liegt, andererseits aber die Sterberate bereits fast auf die in den Industrieländern übliche Höhe gefallen ist. Daran zeigt sich, wie wirksam der medizinische Fortschritt ist und zwar weltweit und nicht nur in den Industrieländern, wo er herstammt. Aber es gibt ja auch eine Weltgesundheitsorganisation, der Aufbau eines funktionierenden Gesundheitswesens ist ein wichtiger Aspekt jeder Entwicklungshilfe, und zahlreiche Menschen aus den Entwicklungsländern lassen sich in den Industrieländern zu Ärzten ausbilden. Dieses System der Übertragung medizinischen Fortschritts hat insbesondere durch verbesserte Gesundheitsvorsorge und starke Begrenzung bzw. Ausrottung von Epidemien, die in der vorindustriellen Periode in den heutigen Industrieländern die Bevölkerung von Zeit zu Zeit reduziert haben (Pest, Pocken, Cholera), zur vorzeitigen Senkung der Sterberate, gemessen am Entwicklungsniveau, in den Entwicklungsländern entscheidend beigetragen. Hinzu kommt ein recht effektives System der Hunger- und Katastrophenhilfe, das ebenfalls die sonst zu erwartende Todesrate verringert. In den ärmsten Entwicklungsländern (ohne Indien und China) lag sie 1990 bei 1,3 Prozent. Im Jahre 1965 betrug sie dagegen noch 2,1 Prozent. Die entsprechenden Zahlen für die OECD-Länder lauten: 0,9 und 1,0 Prozent. Die Geburtenrate ging im gleichen Zeitraum zwar ebenfalls zurück, jedoch relativ weniger als die Sterberate, nämlich nur von 4,6 auf 3,8 Prozent. Die Folge davon war, daß das natürliche jährliche Bevölkerungswachstum trotz der Verringerung der Geburtenrate gleichgeblieben ist. Selbst in dem schon übervölkerten Indien wächst die Bevölkerung noch mit einer Rate von fast zwei Prozent und das, obwohl die Geburtenrate, die 1965 noch beim Durchschnitt der ärmsten Entwicklungsländer lag, seither viel stärker, nämlich auf drei Prozent, abgenommen hat. Aber auch die Sterberate hat sich etwas mehr vermindert – von 2,0 auf 1,1 Prozent.

Der Ernst der Situation, vor der die Entwicklungsländer stehen und die viel schwerer zu handhaben ist als im letzten Jahrhundert zu Beginn der Industriellen Revolution in den heutigen Industrieländern, resultiert offenbar daraus, daß die Sterberate durch eher technische Mittel gesenkt werden kann, während ein Rückgang der Geburtenrate von der durchgreifenden Veränderung sozioökonomischer Umstände abhängig ist. Damit die »preventive checks« auch in den Entwicklungsländern greifen – und das ist, wie die Erfahrungen Indiens und Chinas mit Zwangsmaßnahmen zeigen, längerfristig der einzige Weg zu einer nachhaltigen Senkung der Geburtenrate –, muß offenbar der Investitions- dem Kostenaspekt von Kindern auch in den Entwicklungsländern weichen. Das Problem besteht jedoch darin, daß eine niedrige Geburtenrate in den Entwicklungsländern noch vielfach den Charakter eines öffentlichen Gutes hat, bei dem für einzelne Individuen starke Anreize bestehen, selbst nichts zu einer niedrigen Geburtenrate beizutragen und eben doch viele Kinder zu haben. Denn nach wie vor bedeuten Kinder angesichts des generell sehr niedrigen Lebensstandards und des Fehlens eines ausreichenden sozialen Netzes die Chance auf Unterstützung im Alter und bei Krankheit, die man womöglich sonst entbehren würde. Eben deshalb verharrt die Geburtenrate auf hohem Niveau, was aber den Beginn durchgreifender Entwicklung und die letztendliche Hebung des Lebensstandards schwer beeinträchtigt. Ein Circulus vitiosus, der nicht leicht zu durchbrechen ist!

Daß Entwicklung und Lebensstandarderhöhung aber nach wie vor der Weg sind, die Geburtenrate tatsächlich zu senken, sieht man zum Beispiel an Südkorea. Im Jahre 1965 lag die Geburtenrate dort noch bei 3,5 Prozent, wohingegen die Sterberate schon auf 1,1 Prozent abgesunken war. Das Bevölkerungswachstum belief sich also noch auf beachtliche 2,4 Prozent im Jahr. Nach dem phänomenalen Aufstieg der Wirtschaft des Landes mit weit überdurchschnittlichen Wachstumsraten, die es Südkorea ermöglichten, den Entwicklungsabstand zu den Industrieländern entscheidend zu verringern, betrug die Geburtenrate dort 1990 nur noch 1,6 Prozent. Damit hat sich das Bevölkerungswachstum sehr verringert.

4. Strukturwandel

Wachstum und Strukturwandel der Wirtschaft sind die zwei Seiten derselben Medaille. Wir haben bereits gesehen, daß unterschiedliche Einkommenselastizitäten zu einer Verschiebung der Anteile führen, die einzelne Güterkategorien am privaten Konsum innehaben, wenn das Einkommen pro Kopf im Durchschnitt zunimmt. Dazu kommt, wie ebenfalls schon erwähnt, der normalerweise mit wachsendem Sozialprodukt und Entwicklungsniveau steigende Staatsanteil (Wagnersches Gesetz). Die hieraus resultierenden Änderungen in der Zusammensetzung der gesamtwirtschaftlichen Nachfrage, die durch außenwirtschaftliche Faktoren zwar modifiziert, im allgemeinen aber nicht neutralisiert werden, führen in einer Nicht-Planwirtschaft zwangsläufig zu entsprechenden Änderungen der Anteile einzelner Güterkategorien an Produktion und Wertschöpfung. Und das beeinflußt, zusammen mit der Entwicklung der Arbeitsproduktivitäten, die Anteile der einzelnen großen Wirtschaftssektoren, Landwirtschaft, Industrie und Dienstleistungen, an der Gesamtbeschäftigung einer Volkswirtschaft. Für diesen Zusammenhang hat Jean Fourastié in den fünfziger Jahren das nach ihm benannte Gesetz formuliert. Danach absorbiert vor der Industrialisierung die Landwirtschaft mit 70 bis 80 Prozent bei weitem die Mehrzahl der Beschäftigten. Während und nach der Industriellen Revolution geht ihr Anteil dann jedoch sehr stark zurück und derjenige der Industrie nimmt zu auf etwa 50 Prozent der Beschäftigten. Schließlich wächst der Bereich der Dienstleistungen am schnellsten und verdrängt die Industrie vom ersten Platz.

In der Tat hat sich das Fourastiésche Gesetz weitgehend bewahrheitet, wie folgende Tabelle zeigt:

Tabelle 3: Beschäftigungsstruktur in Prozent

	ca. 1800			ca. 1850			ca. 1900			ca. 1950			1980/90		
	L	I	DL	L	I	DL	L	I	DL	L	I	DL	L	I	DL
Großbritannien	40	30	30	22	48	30	9	51	40	5	49	46	2	29	69
Dänemark	–	–	–	59	26	14	47	24	29	25	33	42	6	27	67
Deutschland	62	21	17	56	24	20	40	39	21	19	45	36	3	40	57
Frankreich	–	–	–	52	27	21	41	29	29	27	36	37	6	30	64
USA	74	–	–	55	21	24	40	28	32	12	30	58	3	26	71
Japan	–	–	–	1872: 74	–	–	67	14	19	50	22	26	7	34	59
Südkorea	–	–	–	–	–	–	–	–	–	1965: 59	13	28	21	35	45
Indien	–	–	–	–	–	–	67	10	23	74	8	18	70	13	17
ca. 35 ärmste Entwicklungsländer; Durchschnitt	–	–	–	–	–	–	–	–	–	–	–	–	72	13	15

L = Landwirtschaft, I = Industrie/Handwerk, DL = Dienstleistungen

Quellen: B.R. Mitchell, International Historical Statistics. Europe 1750–1988. London 3. Aufl. 1992; ders., International Historical Statistics. Africa and Asia. London 1982; N.F.R. Crafts, British Economic Growth during the Industrial Revolution. Oxford 1985, S. 14f.; W. Fischer u.a., Sozialgeschichtliches Arbeitsbuch I. Materialien zur Statistik des Deutschen Bundes 1815–1870. München 1982, S. 52; US Bureau of the Census, The Statistical History of the United States. From Colonial Times to the Present. New York 1976, S. 139; K. Ohkawa und M. Shinohara, Patterns of Japanese Economic Development. A Quantitative Appraisal. New Haven u.a. 1979; B.-N. Song, The Rise of the Korean Economy. Oxford u.a. 1990; Weltbank, Weltentwicklungsbericht 1988.

Man erkennt für die zwei Fälle Großbritannien und Deutschland, daß in beiden Ländern um 1800 der Agrarsektor noch relativ die meisten Menschen beschäftigte. Insoweit galt das Fourastiésche Gesetz. Allerdings war der Prozentsatz der in der Landwirtschaft Tätigen niedriger, als von Fourastié für die vorindustrielle Periode angegeben. Großbritannien befand sich jedoch zu jener Zeit bereits mitten in der Industriellen Revolution, nicht aber Deutschland. In dem geringen Anteil der Landwirtschaft an der Gesamtbeschäftigung in Deutschland schon vor seiner Industriellen Revolution, verglichen beispielsweise mit den USA und Japan bei deren Industrialisierungsbeginn oder verglichen mit heutigen Entwicklungsländern, schlägt sich vermutlich die sehr alte Gewerbetradition in diesem Land nieder, was auch für das gesamte Kerneuropa gilt. Schon in der vorindustriellen Zeit war der Gewerbebesatz in dieser Region höher als in anderen Teilen der Welt, ein Faktor, der sicherlich miterklärt, warum gerade hier die Industrielle Revolution zuerst einsetzte. Großbritannien stellte aber darüber hinaus einen Sonderfall dar, was man sieht, wenn man das durchschnittliche Pro-Kopf-Einkommensniveau vergleicht, bei dem verschiedene Länder jeweils einen bestimmten Beschäftigungsanteil in der Landwirtschaft erreichten. So waren im Jahre 1840 bei einem durchschnittlichen Einkommensniveau von umgerechnet 550 Dollar (Kaufkraft von 1970) in Großbritannien weniger als 30 Prozent der männlichen Beschäftigten in der Landwirtschaft tätig. Der kerneuropäische Durchschnitt bei jenem Einkommensniveau belief sich hingegen auf 55 Prozent, wobei die einzelnen Länder zu verschiedenen Zeitpunkten nach 1840 in die Rechnung eingehen, wann sie eben jeweils das vorgegebene Einkommensniveau von 550 Dollar erreicht hatten. Das zeigt, daß die Landwirtschaft in Großbritannien offenbar in ganz besonderer Weise organisiert war, worauf später noch näher eingegangen wird.

Die drei in der Tabelle 3 aufgeführten kontinentaleuropäischen Länder hatten noch im Jahre 1850 mehr als 50 Prozent ihrer Beschäftigung in der Landwirtschaft. In keinem der drei war demnach die Industrialisierung schon sehr weit fortgeschritten. Danach ging dieser Anteil aber schrittweise zurück, zunächst am langsamsten in Dänemark. Dieses Land wurde nämlich zu einem bedeutenden Exporteur veredelter Agrarprodukte aus einer modernisierten Landwirtschaft, die ihrerseits infolgedessen zu einem der Treibsätze der Entwicklung wurde. Nachdem der Strukturwandel in der Zwischenkriegszeit teilweise stockte, was gut zu der weiter oben erwähnten generellen Wachstumsschwäche dieser Jahre paßte, betrug der Anteil der im Agrarsektor Beschäftigten 1950 in allen drei Ländern noch immer ein Fünftel bis ein Viertel. In Großbritannien dagegen hatte er sich schon ein halbes Jahrhundert zuvor auf eine Größenordnung vermindert, die nicht allzu weit von derjenigen in allen heutigen Industrieländern entfernt war. Aber auch in den drei kontinentaleuropäischen Ländern war der Anteil der Landwirtschaft an der Wertschöpfung im Jahre 1950 schon viel geringer, in Deutschland lag er bei nur noch zehn Prozent. Das zeigt, daß die Landwirtschaft damals einen enormen Produktivitätsrückstand aufwies, der in der Folgezeit aufgeholt wurde. Das waren die Jahrzehnte, in denen sich der Anteil der in der Landwirtschaft Tätigen an der Gesamtzahl der Beschäftigten in Kontinentaleuropa im Zuge des Wachstumsbooms am raschesten verminderte, so daß der Agrarsektor heute in allen Industrieländern nur noch zu den kleinen bis mittleren Branchen zählt.

Im Prinzip verlief der Prozeß in den außereuropäischen Industrieländern genauso, nur schneller, wie ein Blick auf die USA und auf Japan lehrt. Und der Fall Südkorea zeigt, wie rasch heute Industrialisierung vonstatten gehen kann, wenn die Voraussetzungen dafür günstig sind. Hat sich doch hier der Prozentsatz der in der Landwirtschaft Beschäftigten in gut 20 Jahren von fast 60 auf 21 Prozent verringert mit der Folge, daß die Landwirtschaft inzwischen auch in Südkorea zum kleinsten der drei volkswirtschaftlichen Hauptsektoren geworden ist. Deutschland dagegen brauchte für denselben Weg mehr als ein Jahrhundert. Daß andererseits auch heute noch der Anteil der in der Landwirtschaft Beschäftigten ein guter Indikator für das Entwicklungsniveau eines Landes ist, beweist der Satz von 72 Prozent im Durchschnitt der ärmsten Entwicklungsländer.

Mit der Verminderung des Anteils der Landwirtschaft ging in der Tat, ganz entsprechend dem Fourastiéschen Gesetz, eine Vergrößerung desjenigen der Industrie an der Gesamtbeschäftigung Hand in Hand. Gleichzeitig nahm jedoch auch der Anteil der Dienstleistungen kontinuierlich zu. Dabei ergab es sich nur in manchen europäischen Ländern, daß der industrielle Sektor eine Zeitlang der größte war, bevor er vom Dienstleistungssektor überholt wurde. In den außereuropäischen Ländern dagegen wurde der Agrarsektor sofort vom Dienstleistungssektor als bedeutendstem Bereich abgelöst, so daß der Name »Industrialisierung« für den Prozeß der Entwicklung dort eigentlich nicht ganz zutrifft. Offenbar schlug sich in diesem Unterschied mehr die relativ hohe vorindustrielle Gewerbedichte in Europa als ein besonders schnelles Wachstum der Industrie in diesem Kontinent nieder. Heute ist in allen Industrieländern der Dienstleistungssektor im Hinblick auf Beschäftigung und Wertschöpfung der wichtigste mit Anteilen, die meist zwischen 50 und 70

Prozent liegen. Das gilt, wie Tabelle 3 zeigt, auch für Deutschland, wobei in Deutschland der industrielle Sektor im Vergleich zu den anderen großen Industrieländern noch einen höheren Stellenwert hat. Darin scheint sich die exzeptionell hohe Quote des Warenexports in Deutschland widerzuspiegeln.

Der Anteil des Auslandsumsatzes am Gesamtumsatz der Industrie betrug in der Bundesrepublik 1990 29 Prozent. 1950 lag er erst bei gut acht Prozent. Im Zuge der Liberalisierung des Welthandels nach 1945 erlebten viele Industrieländer einen Anstieg dieser Quote, wenn auch in geringerem Maße als Deutschland. Indien dagegen und andere Entwicklungsländer konnten im gleichen Zeitraum ihre Verflechtung mit dem Weltmarkt nicht erhöhen. Das ist charakteristisch. Es zeigte sich nämlich, daß der intraindustrielle Handel zwischen den Industrieländern das am schnellsten wachsende Segment des Welthandels darstellte, angetrieben durch die mit dem Einkommenswachstum zunehmende Nachfragedifferenzierung sowie die Liberalisierung. Der Handel von Industrie- mit Entwicklungsländern verlor dagegen entscheidend an Bedeutung, was der Handel der Entwicklungsländer untereinander nicht auszugleichen vermochte. Man kann daher vermuten, daß die Industrialisierung weiterer Länder nicht etwa den Handel der bisherigen Industrieländer beschränkt, sondern im Gegenteil ihn tendenziell erweitert und so, bei weiterhin liberaler Welthandelspolitik, für alle Beteiligten ein Wachstumsmotor wird. Diese Vermutung scheint sich im Falle Südkoreas und Taiwans bereits zu bestätigen, die seit einiger Zeit enorme Zuwachsraten sowohl ihrer Aus- als auch ihrer Einfuhren aufweisen.

Dabei vollzieht sich auch heute noch im Zuge der Industrialisierung ein Strukturwandel in der Zusammensetzung der Exporte, indem einerseits der Anteil der gewerblichen Waren an den Gesamtausfuhren steigt und andererseits innerhalb dieser Gruppe derjenige von Maschinen und Transportausrüstungen stark zunimmt. So belief sich der Anteil von Gewerbeerzeugnissen an der Gesamtausfuhr in Deutschland im Jahre 1870 auf etwa 50 Prozent, in den USA noch im Jahre 1900 nur auf 35 Prozent. Heute dagegen lauten diese Zahlen entsprechend 90 und 80 Prozent. Während im Durchschnitt aller OECD-Länder 1990 gut 80 Prozent aller Exporte Industriegüter waren und mehr als 40 Prozent allein Maschinen und Fahrzeuge und nur noch vier Prozent Textilien, exportierten die rund 35 ärmsten Entwicklungsländer (ohne Indien und China) im gleichen Jahr nur zu knapp einem Drittel Gewerbewaren, ein Prozent stellten Maschinen dar und 15 Prozent Textilien. Dagegen ging in Südkorea wie schon bei der Beschäftigung, auch bei den Exporten der Strukturwandel besonders schnell vonstatten. Noch im Jahre 1965 führte dieses Land nur gut 50 Prozent seiner Exporte in Form gewerblicher Waren aus, lediglich drei Prozent davon waren Maschinen, aber 27 Prozent Textilien. Im Jahre 1990 war der Anteil von Gewerbeerzeugnissen auf 94 Prozent gestiegen, derjenige der Maschinen auf 37 Prozent, und derjenige von Textilien war auf 22 Prozent zurückgegangen.

Neben der Änderung der Beschäftigungs- und Produktionsstruktur und der Exportzusammensetzung soll hier noch eine weitere Facette des Strukturwandels betrachtet werden, die Verwendungsstruktur des Sozialprodukts betreffend, nämlich der Anstieg der Investitionsquote. Dabei handelt es sich um die Investitionen in Sachkapital relativ zum Sozialprodukt. In der Erhöhung dieser Quote wurde vielfach die Essenz des Übergangs zu einer wachsenden Wirtschaft gesehen. Das ging bis zu der recht mechanistischen Vorstellung von Walt Rostow, daß für eine erfolgreiche Industrialisierung primär das Überschreiten einer Investitionsquote von zehn Prozent ausschlaggebend sei, eine Vorstellung, die in den sechziger Jahren bei den damaligen Entwicklungshilfebemühungen tatsächlich eine wichtige Rolle gespielt hat. Inzwischen ist man davon wieder abgekommen, zumal ein Blick in die Geschichte zeigt, daß einerseits Großbritannien während seiner Industrialisierungsphase kaum je eine Investitionsquote von zehn Prozent erreicht hat, andererseits viele Entwicklungsländer unterentwickelt bleiben, obwohl ihre Investitionsquote dieses Niveau längst überschritten hat. Man glaubt demnach heute nicht mehr, man müsse nur die Sparquote steigern und Auslandskapital anlocken, um Entwicklung in Gang zu bringen. Außerdem wird immer deutlicher, daß das eigentliche Hemmnis für vermehrte Investitionen sowohl in den heutigen Industrieländern vor deren Industrialisierungsbeginn als auch in den Entwicklungsländern vielfach nicht Kapitalmangel, sondern eher das Fehlen ausreichend attraktiver Investitionsmöglichkeiten gewesen ist. Waren letztere vorhanden, so ist der zu ihrer Nutzung nötige Konsumverzicht allemal erreicht worden, was auch theoretisch plausibel ist, da dieser ja nicht ausschließlich von der freiwilligen Sparleistung der Bevölkerung abhängt.

Trotzdem bleibt die Erkenntnis richtig, daß Wachstum mit im Vergleich zur vorindustriellen Wirtschaft größeren Investitionen einhergeht. Und zwar gilt das, wie schon erwähnt, ganz besonders und auf Dauer für die Investitionen in Humankapital, wohingegen pure Sachinvestitionen, die den existierenden Kapitalstock erweitern, kein dauerhaftes Wachstum bewirken. In Wirklichkeit gibt es jedoch bloße Vergrößerungen des Sachkapitals seltener, als man zunächst denkt. Denn sehr oft läßt sich der technische Fortschritt nur durch Investitionen in Sachkapital effektiv umsetzen. Es handelt sich dabei um sogenannten inkorporierten technischen Fortschritt, wenn zum Beispiel eine neue Maschinengeneration produktiver arbeitet als die vorhergegangene. Insofern werden viele Investitionen in Humankapital erst durch Sachinvestitionen wirksam. Dieser Zusammenhang läßt sich statistisch ebenfalls nachweisen, gibt es doch eine Korrelation zwischen der Höhe der Sachinvestitionen in einzelnen Ländern und dem jeweiligen gesamtwirtschaftlichen Produktivitätswachstum. Höhe und Entwicklung der Investitionsquote stehen daher zu Recht mit im Mittelpunkt der Erklärung von Wachstum, spiegelt sich darin doch nicht nur die Erweiterung des Produktionsfaktors Kapital im rein quantitativen Sinne, sondern zu einem erheblichen Teil ebenfalls die Schnelligkeit, mit der Innovationen wirksam werden. Insofern ist auch der Name »Kapitalismus« für die Form des Wirtschaftens seit der Industriellen Revolution berechtigt.

Die Tabelle 4 zeigt, daß es einen säkularen Anstieg der Investitionsquoten gegeben hat. Selbst in Großbritannien, das, wie erwähnt, als Pionierland der Industriellen Revolution während dieses Prozesses kaum eine Investitionsquote von mehr als zehn Prozent erreicht hatte, liegt sie seit dem Zweiten Weltkrieg permanent über diesem Niveau. Das bedeutet, ähnliche Wachstumsraten wie um 1900 erfordern heute relativ höhere Investitionen, die Produktionsweise in den Industrieländern wird immer kapitalintensiver, die Um-

Tabelle 4: Investitionsquoten in Prozent (Inländische Bruttoinvestitionen zum Bruttoinlandsprodukt)

	ca. 1800	ca. 1850	ca. 1900	ca. 1950	1965	1990
Großbritannien	8	8	10	13	20	19
Schweden	–	–	13	18	27	21
Deutschland	–	*8	*16	22	28	22
Frankreich	–	11	15	18	26	22
USA	–	–	17	17	20	16
Japan	–	–	16	16	32	33
OECD-Länder, Durchschnitt	–	–	–	–	23	22
Südkorea	–	–	–	–	15	37
Indien	–	–	–	–	17	23
ca. 35 ärmste Entwicklungsländer (ohne Indien und China)	–	–	–	–	15	27

* Nettoinvestitionen zu Nettosozialprodukt

Quellen: N.F.R. Crafts, British Economic Growth during the Industrial Revolution. Oxford 1985, S. 73; B.R. Mitchell, British Historical Statistics. Cambridge 1988; W.G. Hoffmann, Das Wachstum der deutschen Wirtschaft seit der Mitte des 19. Jahrhunderts. Berlin u.a. 1965; K. Ohkawa und M. Shinohara, Patterns of Japanese Economic Development. A Quantitative Appraisal. New Haven u.a. 1979; M. Levy-Leboyer und F. Bourguignon, The French Economy in the 19th Century. An Essay in Econometric Analysis. Cambridge 1990; T. Liesner, One Hundred Years of Economic Statistics. London 1989; Weltbank, Weltentwicklungsbericht 1992.

setzung des technischen Fortschritts im Durchschnitt immer teurer. Für die Entwicklungsländer ergibt sich daraus eine doppelte Erschwernis ihrer Lage im Vergleich zu den heutigen Industrieländern während deren Industrieller Revolution: Einerseits scheint der Abstand der Entwicklungsländer zur technischen Weltspitze immer größer zu werden und damit der erforderliche Sprung, um als entwickelt gelten zu können, andererseits aber wurde diese Weltspitze selbst in der langen Frist kapitalintensiver. Beides zusammen führt dazu, daß die für eine erfolgreiche Industrialisierung erforderlichen Investitionsquoten zunehmen. Zwar war das auch im 19. Jahrhundert bereits der Fall, wie ein Vergleich zwischen Großbritannien und den kontinentaleuropäischen Ländern erweist. Aber das war noch harmlos, gemessen an der Höhe der diesbezüglichen Quote Japans seit den sechziger und Südkoreas in den achtziger und neunziger Jahren, als sie 35 Prozent und mehr erreichte. Demgegenüber zeigte sich bei den meisten Industrieländern von 1965 bis 1990 ein Rückgang der Investitionsquote, was recht gut zu der oben angeführten These paßt, daß es inzwischen kein unausgenutztes Wachstumspotential in Form überschüssigen Humankapitals mehr gibt.

5. Änderung des Bewegungsmusters der Wirtschaft

Außer den bereits beschriebenen unterschiedlichen Trends der längerfristigen Wachstumsentwicklung seit der Industriellen Revolution gibt es Intensitätsschwankungen der wirtschaftlichen Aktivität von kürzerer Dauer, die sogenannten Konjunkturzyklen. Auch in der vorindustriellen Periode gab es Schwankungen, die teilweise sogar sehr stark waren. Diese wurden zumeist, angesichts des Gewichts des Agrarsektors in vorindustriellen Gesellschaften verständlich, durch Mißernten ausgelöst. Die Folge war eine Vervielfachung der Preise für Grundnahrungsmittel, eine Hungerkrise und ein Ausfall kaufkräftiger Nachfrage nach gewerblichen Produkten, so daß sich die Krise in den Gewerbesektor fortpflanzte. Die wirtschaftlichen Wechsellagen waren ziemlich erratisch und von Region zu Region verschieden.

Infolge der Industriellen Revolution schrumpfte die Bedeutung der Landwirtschaft. Daher verminderte sich schrittweise auch die Rolle von Ernteschwankungen für die Hervorbringung gesamtwirtschaftlicher Aktivitätsänderungen, zumal der technische Fortschritt die Amplitude dieser Schwingungen verringerte, die zunehmende weltwirtschaftliche Verflechtung für einen besseren Ausgleich von lokalen Ernteausfällen sorgte und die Preisbewegung ruhiger wurde. Jedoch hörten damit die Wechsellagen nicht auf. Vielmehr änderte sich tendenziell nur das Bewegungsmuster: Die Wellenbewegung erscheint weniger willkürlich, teilweise ergibt sich sogar eine gewisse Zyklizität, und die Änderungen in den Wachstumsraten von Jahr zu Jahr fallen im allgemeinen geringer aus. Das folgende Diagramm ist geeignet, den Übergang für Deutschland zu dokumentieren:

Schaubild 2: Wachstumsraten von gesamter und landwirtschaftlicher Wertschöpfung pro Einwohner in Deutschland 1850–1913

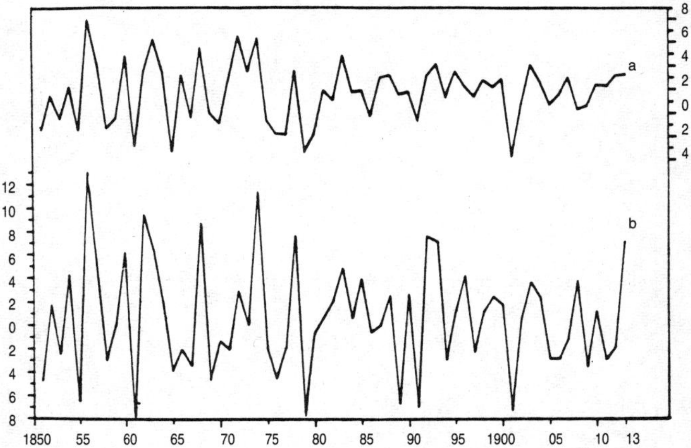

a) Wachstumsraten des Nettoinlandsprodukts (in konstanten Preisen) je Einwohner
b) Wachstumsraten der Wertschöpfung der Landwirtschaft (in konstanten Preisen) je Einwohner

Quelle: K. Borchardt, Wirtschaftliches Wachstum und Wechsellagen 1800–1914. In: H. Aubin und W. Zorn (Hg.), Handbuch der deutschen Wirtschafts- und Sozialgeschichte. Bd. 2, Stuttgart 1976, S. 259.

In den letzten Jahrzehnten sah der Zyklus in den wichtigsten Industrieländern folgendermaßen aus:

Schaubild 3: Zyklen der Industrieproduktion und des Bruttoinlandsprodukts in wichtigen OECD-Ländern 1960–1991 (prozentuale Abweichungen vom Trend)

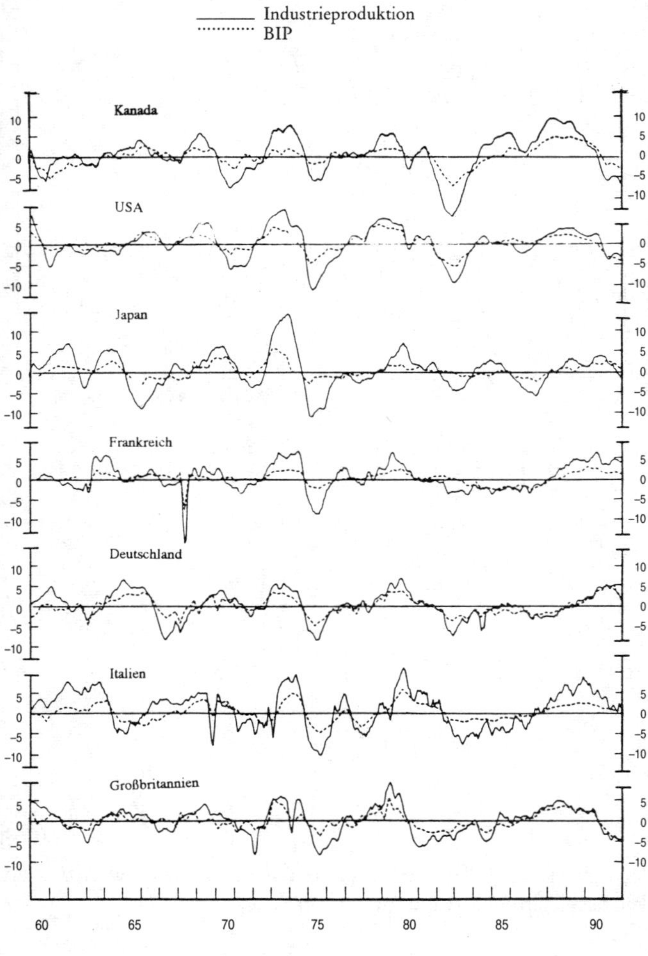

Quelle: OECD, Historical Statistics 1960 1990.

Interessanterweise scheint für das neue Bewegungsmuster der Volkswirtschaften nach der Industriellen Revolution vor allem jene Komponente verantwortlich zu sein, die auch entscheidenden Anteil an der Generierung des Wachstums überhaupt hat, nämlich die Investitionen. Abhängig von den Gewinnen und Gewinnerwartungen schwanken nämlich insbesondere die Unternehmensinvestitionen prozentual viel stärker als die Wachstumsraten des Sozialprodukts und erklären, da es sich bei ihnen ja um einen Teil des Sozialprodukts handelt, somit die Konjunkturbewegung ganz wesentlich. Insofern gehört der Konjunkturzyklus genauso zu einer wachsenden Wirtschaft hinzu wie der Strukturwandel, jedenfalls solange Gewinne und Gewinnerwartungen nicht stabilisiert werden. Das aber steht nicht zu erwarten angesichts der Tatsache, daß es sich dabei um ein Residuum handelt, das von sehr vielen unwägbaren Faktoren wie den Marktlagen, der Inzidenz von Innovationen, der Stärke der Konkurrenz und einfach von Stimmungen abhängig ist.

II. Die Industrielle Revolution in Großbritannien

1. Der revolutionäre Charakter der Industriellen Revolution

Die Industrielle Revolution in Großbritannien war ein umwälzender, aber recht langsam verlaufender Prozeß. Grob gesagt dauerte er von 1750 bis 1850, also ein ganzes Jahrhundert. Verbindet man mit dem Begriff »Revolution« Plötzlichkeit und Schnelligkeit, dann war die Industrialisierung Großbritanniens kaum eine Revolution. Wohl aber stellte sie eine durchgreifende Veränderung der britischen Wirtschaft und Gesellschaft dar und war insofern doch eine Revolution. Dennoch war noch um die Mitte des 19. Jahrhunderts etwa die Hälfte der in der britischen Wirtschaft mit der Herstellung von gewerblichen Waren Beschäftigten unter Einsatz sehr geringen Sachkapitals ganz überwiegend mit der Hand und vor allem im Heim- und Hausgewerbe tätig – nicht in der Fabrik. Ja, es scheint, das Aufkommen fabrikmäßiger Fertigung in manchen Industriezweigen hat zeitweise in anderen Zweigen zu einer besonders raschen Vermehrung der Heim- und Handarbeit geführt: Beispielsweise hatte die Maschinisierung der Garnspinnerei eine jahrzehntelange rasche Ausdehnung der Handweberei zur Folge, bevor sich der mechanische Webstuhl durchsetzen konnte. Und der Aufbau von Textilfabriken führte zu großem Wachstum der Herstellung von Bekleidung in kommerzieller Heimarbeit, während die Entstehung einer modernen eisenschaffenden Industrie zur Vervielfältigung der handwerklichen Produktion von Schneidwaren und Nägeln beitrug.

Das zeigt, daß die Industrialisierung in Großbritannien kein eindimensionaler Prozeß der alleinigen Zunahme der Fabrikproduktion war, obwohl natürlich in der Entwicklung genau dieser Art der Produktion zu Recht seit jeher ein entscheidendes Kennzeichen der Industriellen Revolution gesehen wird. Festzuhalten ist jedoch, daß das warenproduzierende Gewerbe insgesamt um die Mitte des 19. Jahrhunderts in Großbritannien mit etwa der Hälfte bereits die meisten Arbeitskräfte beschäftigte, während die Landwirtschaft, der dominante Sektor in jeder vorindustriellen Gesellschaft, nur noch rund einem Viertel der Bevölkerung Arbeit gab.

Festzuhalten ist auch, daß zur Zeit der ersten Weltausstellung im Jahre 1851 in London, Großbritannien, das damals den größten Teil der Weltindustrieproduktion erzeugte, uneingeschränkt als »Workshop of the World« angesehen wurde.

Die Essenz der Industriellen Revolution in Großbritannien bestand in der »Industrialisierung«. Das ist im eigentlichen Wortsinn zu verstehen, das heißt als rasche Verschiebung der Struktur der Beschäftigung in Richtung Gewerbe. Der Anteil der männlichen Erwerbstätigen im Gewerbe nahm von 24 Prozent im Jahre 1760 auf 47 Prozent im Jahre 1840 zu, was infolge der schnellwachsenden Bevölkerung eine noch weit darüber hinausgehende absolute Steigerung bedeutete. Offensichtlich fand ein Großteil der in der Landwirtschaft nicht mehr gebrauchten Arbeitskräfte ein Betätigungsfeld im Gewerbe und konnte auf diese Weise produktiv zum Sozialprodukt sowie zur Erhöhung des britischen Gesamteinkommens beitragen. Längerfristig betrachtet, erschlossen sich durch diesen Prozeß der Industrialisierung also ganz neue Wachstumspotentiale.

In der Tat beschleunigte sich im Verlauf der Industriellen Revolution das Wachstum der Wirtschaft Großbritanniens, allerdings viel langsamer als lange Zeit gedacht. Offenbar fälschlicherweise ging man bis vor kurzem davon aus, daß sich die Wachstumsrate des britischen Sozialprodukts pro Kopf nach 1780 ziemlich plötzlich auf über ein Prozent pro Jahr erhöht habe. Darin sah man dann auch eine eindrucksvolle Bestätigung für einen »Take-off« à la Walt Rostow, also einen abrupten Übergang von einer weitgehend wachstumslosen vorindustriellen Wirtschaft zur industriellen Wirtschaft mit sich selbst tragendem Wachstum. Neuere Forschungen, insbesondere von Nick Crafts, haben jedoch gezeigt, daß von einem scharf abgegrenzten Take-off keine Rede sein kann, daß das Wachstum vielmehr ganz allmählich zugenommen hat: Während das gesamte 18. Jahrhundert hindurch die jährliche Wachstumsrate pro Kopf im Durchschnitt kaum über 0,3 Prozent hinausgegangen zu sein scheint, stieg sie nach 1800 auf etwa 0,5 Prozent und erst zwischen 1830 und 1870, in der wirtschaftlichen Blütezeit Großbritanniens, schließlich auf 1,4 Prozent. Außerdem zeichnet sich inzwischen recht deutlich ab, daß es über die

Jahrhunderte hinweg ebenfalls ein gewisses Wachstum im vorindustriellen England gegeben hat, wenn auch immer wieder unterbrochen durch lange Perioden der Stagnation und des Rückgangs. Kürzlich wurde versucht, dieses säkulare Wachstum quantitativ abzuschätzen, indem mit Hilfe der Zusammenstellungen des Nationalreichtums im ›Domesday Book‹ von 1086 und von Gregory King 1688 für beide Jahre jeweils ein reales Sozialprodukt errechnet und dann miteinander in Beziehung gesetzt wurde. Diese Prozedur ergab, auf die Bevölkerung bezogen, eine durchschnittliche Wachstumsrate von etwa 0,3 Prozent, die gleiche, die noch das gesamte 18. Jahrhundert hindurch galt. Damit erscheint die erste Phase der Industriellen Revolution in Großbritannien allerdings völlig entzaubert!

Dieser Eindruck kann jedoch bei näherem Hinsehen nicht aufrechterhalten werden. Denn es zeigt sich, daß im 18. Jahrhundert die Bevölkerung Großbritanniens zunehmend rascher anstieg. Insgesamt wuchs sie von etwa 6,3 Millionen um 1700 auf mehr als 10,5 Millionen im Jahre 1800 mit einer durchschnittlichen jährlichen Rate von unter 0,4 Prozent in den Jahren 1700 bis 1760, über 0,6 Prozent 1760 bis 1780 und fast 0,9 Prozent 1780 bis 1800. In den nächsten drei Jahrzehnten erreichte diese Rate mit 1,4 Prozent ihren Gipfel. Ein zunächst gleichbleibendes und sich nach 1800 dann beschleunigendes Wachstum des Sozialprodukts pro Kopf bedeutete deshalb ein viel schnelleres Wachstum des Sozialprodukts insgesamt. Tatsächlich nahm dieses, gemäß der Schätzung von Crafts, zwischen 1780 und 1800 jährlich um 1,3 Prozent zu, nachdem es von 1700 bis 1780 nur mit einer Rate von etwa 0,7 Prozent gewachsen war. Nach 1800 steigerte sich die absolute jährliche Wachstumsrate weiter auf etwa zwei Prozent (1800 bis 1830). Wir können also feststellen: Die Industrielle Revolution machte es möglich, daß trotz immer schneller zunehmender Bevölkerung die Wachstumsrate des Sozialprodukts pro Kopf zunächst auf ihrem säkularen Niveau verharrte und dann weiter anstieg. Das war eine grundlegend neue Erfahrung der Menschheit. Hatte doch gerade zur Halbzeit der Industriellen Revolution, um 1800, wie bereits erwähnt, Malthus die bis dahin gültige Erfahrung formuliert, daß die Bevölkerung dazu tendiere, über den Nahrungsspielraum hinauszuwachsen, wodurch das pro Kopf zur Verfügung stehende Produkt schrumpfe und über kurz oder lang eine Bevölkerungskrise eintrete. Solche Krisen gab es in der Geschichte ja immer wieder. Erst die Industrielle Revolution ermöglichte in den sich entwickelnden Ländern einer rasch wachsenden Bevölkerung einen längerfristig zunehmenden Lebensstandard. Dadurch hinwiederum wurden die Änderungen des generativen Verhaltens der Menschen bewirkt, die den demographischen Übergang zur Vollendung führten und die Gefahr der Übervölkerung beseitigten.

Gerade im Zusammenhang mit der Tatsache, daß die umwälzende Bedeutung der Industriellen Revolution in trotz immer rascherer Bevölkerungszunahme anhaltendem Wirtschaftswachstum, definiert als Steigerung des Sozialprodukts pro Kopf, liegt, gewinnt die inzwischen hundert Jahre währende Debatte darüber Brisanz, ob der Lebensstandard der breiten Masse der britischen Bevölkerung während der Industriellen Revolution gestiegen oder gefallen ist. War es doch hervorstechendes Kennzeichen früherer Perioden länger andauernder Bevölkerungszunahme, daß der Lebensstandard der Unterschichten zurückging und schließlich verbreitet unter das Existenzminimum gedrückt wurde. Genau das läßt sich für die Epoche der Industriellen Revolution in Großbritannien jedoch nicht eindeutig behaupten, denn sonst wäre die Debatte ja längst beendet. Vielmehr verfügt man über konfliktreiche Evidenz, je nachdem ob man eher Daten zur Reallohnentwicklung oder solche zum durchschnittlichen Konsum der Unterschichten heranzieht. Schon in den fünfziger und sechziger Jahren benutzten die Lebensstandard-»Optimisten« Einkommens-, die »Pessimisten« Konsumdaten zum Beleg ihrer jeweiligen Ansicht. In den achtziger Jahren ergaben neuere Reallohnschätzungen einen Anstieg von rund drei Vierteln zwischen 1780 und 1850 und damit eine bedeutende Verbesserung des Lebensstandards der arbeitenden Klasse, während eine ökonometrische Abschätzung des durchschnittlichen Arbeitseinkommens der gesamten Unterschichten mit Hilfe von Angaben über den Konsum von Tee, Tabak und Zucker eine weitgehende Konstanz der Verdienste in diesem Zeitraum nahelegte. Diese Diskrepanz kann erklärt werden, wenn man bedenkt, daß die Lohnreihen nur die Einkommensentwicklung der Lohnbezieher widerspiegeln, nicht aber diejenige der formal selbständig in Heimarbeit Beschäftigten. Es gibt jedoch Anzeichen dafür, daß in der ersten Hälfte des 19. Jahrhunderts vor allem Fabrikarbeiter ihre Einkommenssituation verbessern konnten, wohingegen beispielsweise die große Gruppe der Heimweber zunehmend verelendete. Letztere werden jedoch von den Lohndaten nicht erfaßt, aber sehr wohl von den Konsumdaten. Mit anderen Worten, die Abschätzung des durchschnittlichen Lebensstandards der Unterschichten mit Hilfe von Angaben zum Konsum scheint verläßlicher zu sein. Allerdings muß man dabei berücksichtigen, daß das Los einzelner ihrer Untergruppen sich offenbar höchst unterschiedlich entwickelte.

Der materielle Lebensstandard der Unterschichten insgesamt hat sich demnach während der Industriellen Revolution nicht oder nur wenig verbessert. Es wird heute jedoch nicht mehr behauptet, daß er sich massiv verschlechterte. Und darin liegt doch schon der phänomenale Unterschied zu früheren Zeiten, daß sich in einem Jahrhundert, in dem die Bevölkerung Großbritanniens auf das Zweieinhalbfache anstieg (zwischen 1750 und 1850), der Lebensstandard auch der Unterschichten offenbar nicht verschlechterte, sondern vielmehr im Durchschnitt auf einem relativ hohen Niveau verharrte. Daß großes Bevölkerungswachstum nicht vor allem die unterste Klasse der Gesellschaft noch ärmer macht, ist die ganz neue Erfahrung der Industriellen Revolution. Ja, nach 1850 ergaben sich sogar für sie bedeutende, von niemandem bestrittene Steigerungen des Lebensstandards.

2. Die »Agrarrevolution«

Ein Gleichbleiben des Lebensstandards der Unterschichten war in der damaligen Situation notwendig mit der Sicherung regelmäßig ausreichender Ernährung verbunden. Bis weit ins 19. Jahrhundert hinein blieb Großbritannien, was Nahrung betrifft, dennoch im wesentlichen Selbstversorger. Zwar verschwand der englische Netto-Getreideexport nach der Mitte des 18. Jahrhunderts allmählich, jedoch noch zwischen 1810 und 1830 deckte der Weizenimport nach Großbritannien weniger als zehn Prozent des Bedarfs. Die britische Produktion an Nahrungsmitteln konnte also recht gut mit dem raschen Wachstum der Bevölkerung mithalten.

Schon Arnold Toynbee, der als erster in den achtziger Jahren des 19. Jahrhunderts die Industrielle Revolution systematisch betrachtet hat, betonte daher die Rolle der Agrarrevolution bei der Ermöglichung der Industriellen Revolution. Und zwar habe sich diese Rolle nicht auf die Versorgung mit Nahrung beschränkt, wenn auch ein Versagen der Landwirtschaft in dieser Hinsicht so große Importe für die Ernährung der wachsenden Bevölkerung nötig gemacht hätte, daß kaum noch Devisen für den Import anderer Güter übrig geblieben wären. Wäre dieser Fall eingetreten, hätte die Baumwollindustrie, die ja vollständig von importiertem Rohstoff abhing, nicht die entscheidende Bedeutung für die Industrielle Revolution gewonnen, die sie tatsächlich hatte. Kurz, die Industrielle Revolution hätte, wäre sie überhaupt auch unter diesen Bedingungen gekommen, einen anderen Verlauf nehmen müssen. Daneben war die britische Landwirtschaft aber noch, jedenfalls in der Anfangsphase der Industriellen Revolution, ein nicht unbedeutender Lieferant heimischer Rohstoffe, wie Wolle, Flachs, Stroh, Holz, Talg oder Farben. Außerdem stammte ein erheblicher Teil des investierten Kapitals aus der Landwirtschaft und diente unter anderem zum Ausbau der Infrastruktur in Form von Kanälen und Straßen.

Die große Zunahme von landwirtschaftlicher Produktion und Überschüssen, die all das ermöglichte, war einerseits die Folge einer Zunahme des Einsatzes der Produktionsfaktoren und besonders von Kapital. Andererseits erfolgte jedoch im Vorfeld und im Verlauf der Industriellen Revolution eine gewaltige Produktivitätssteigerung der Landwirtschaft.

Was den Arbeitseinsatz in der britischen Landwirtschaft betrifft, so sank zwar sein Anteil an der Gesamtbeschäftigung während der Industriellen Revolution ziemlich rasch, die absolute Zahl der in der Landwirtschaft Tätigen nahm aber dennoch leicht zu, da die neuen Anbaumethoden sich insgesamt als arbeitsintensiver erwiesen, zum Beispiel infolge des Wegfalls der Brache. Ein wenig stieg im 18. Jahrhundert auch noch die landwirtschaftlich genutzte Fläche in Großbritannien durch Kultivierung bis dahin wüsten Landes unter hohem Kapitaleinsatz für Drainage, Meliorationen und ähnliches. Damit ist eines der Hauptkennzeichen der britischen Landwirtschaft im Vergleich zur französischen und derjenigen anderer Länder angesprochen: Sie war für damalige Verhältnisse sehr kapitalintensiv, was sich auch am durchschnittlichen Viehbesatz pro Hektar zeigte. Das seinerseits führte zu größerer Zugkraft sowie einem höheren Anfall von Dung und damit direkt zu Ertragssteigerungen.

Eine wesentliche Ursache für die große Kapitalkraft der britischen Landwirtschaft war die Besitzstruktur. Diese hatte sich mehr und mehr zugunsten einer Dreiteilung der Landbevölkerung Großbritanniens geändert: An der Spitze stand eine kleine Schicht meist adeliger Grundbesitzer, in deren Händen sich das Land zunehmend konzentrierte. Diese ihrerseits verpachteten ihren Grund langfristig an die Farmer, das heißt wohlhabende Pächterbauern, in relativ großen, ertragsstarken Einheiten. Und die Farmer bewirtschafteten ihre Höfe mit Hilfe von lohnabhängigen, landlosen Landarbeitern. Die Ausbreitung dieses Systems ließ den »Freeholder«, das heißt den freien Bauern, der den eigenen Boden bestellte, immer weiter in den Hintergrund treten. Dieser war der Konkurrenz des mit Unterstützung seines Landlords (Know-how-Vermittlung, Risikoteilung) arbeitenden Farmers nicht gewachsen und verkaufte sein Land vielfach. Die schiere Größe der durchschnittlichen britischen Farm war also ein wesentlicher Grund für ihre Kapitalkraft.

Eine weitere Ursache dafür lag in der Gewinnträchtigkeit der britischen Landwirtschaft. Diese war nämlich einerseits bereits sehr früh nicht mehr primär auf die Deckung des Subsistenzbedarfs der Landbevölkerung ausgerichtet, sondern auf Märkte hin orientiert, insbesondere auf London als Großstadt. Zum anderen war die Profitabilität eine klare Folge ihrer sozusagen kapitalistischen Struktur: Der Pächterbauer setzte als ein echter Kapitalist von ihm zu bezahlende Lohnarbeiter nur bis zu dem Punkt ein, an dem ihr zusätzlicher Ertrag seine Kosten noch überstieg. Unterbeschäftigung seiner Arbeitskräfte, verdeckte Arbeitslosigkeit, wie vielfach in einem unterentwickelten kleinbäuerlichen Umfeld, gab es bei ihm nicht und damit auch keine Verminderung des für Investitionen verfügbaren Ertrags durch »unnütze« Esser. Auf diese Weise wurde also einerseits die Kapitalkraft der britischen Landwirtschaft bewahrt und vergrößert. Andererseits war jedoch die zwingende Folge dieser Struktur, daß die britische Landwirtschaft nicht, wie noch heute in vielen Entwicklungsländern, das Bevölkerungs- und Arbeitskräftewachstum wie ein Schwamm einfach aufsaugte, wenn auch nicht zu produktiver Tätigkeit. Nicht benötigte Arbeitskräfte wurden vielmehr radikal aus der Landwirtschaft verbannt und mußten in anderen Wirtschaftssektoren Beschäftigung finden oder auswandern. Unterbeschäftigung ist in Großbritannien zu einem erheblichen Teil ins Gewerbe verlagert worden. Eine interessante Konsequenz dieser Sonderentwicklung war der relativ kleine Anteil der landwirtschaftlich Beschäftigten an der Gesamtzahl der Erwerbstätigen bereits bei recht niedrigem Einkommensniveau. Schon um 1800 absorbierte die Landwirtschaft in Großbritannien nur noch 40 Prozent der (männlichen) Erwerbstätigen bei einem Einkommensniveau, bei dem im europäischen Durchschnitt noch zwei Drittel der Arbeitskräfte im Agrarsektor beschäftigt waren. Und 1840 waren nur noch unter 30 Prozent der britischen Arbeitskräfte in der Landwirtschaft tätig. Als Belgien das Pro-Kopf-Einkommensniveau von Großbritannien des Jahres 1840 erreichte – etwa um 1850 –, lag der Anteil der in der Landwirtschaft Tätigen dort noch über 50 Prozent, in Frankreich im Jahre 1870 ebenfalls, in Österreich 1880 noch fast bei 60 Prozent.

Die relativ wenigen Arbeitskräfte in der britischen Landwirtschaft waren dafür im Vergleich zum europäischen Durchschnitt sehr produktiv, was für das Gewerbe offenbar nicht galt. Damit ergibt sich das erstaunliche Faktum, daß das Land, das die erste Industrielle Revolution durchgemacht hat, nicht so sehr in der Durchschnittsproduktivität des Gewerbes die nachfolgenden Länder überragt hat, sondern in derjenigen der Landwirtschaft. Ja, in der ersten Hälfte des 19. Jahrhunderts scheint die Produktivität in der britischen Landwirtschaft sogar schneller gewachsen zu sein als im britischen Gewerbe.

Die britischen Landlords hatten allerdings auch ein erhebliches Interesse an steigender Produktivität, die ihnen die Aussicht auf einen Anstieg ihrer Rente gewährte. Die Rente war vielfach der einzige Weg für sie, Kapital aus ihrem Besitz zu schlagen. Denn durch die zunehmende Ausbreitung des Instituts des »Strict Settlement« seit dem 17. Jahrhundert, das in etwa dem deutschen Fideikommiß vergleichbar war, wurden die Verfügungsmöglichkeiten des Landbesitzers und seiner Erben über das Land stark beschränkt. Insbesondere Verkäufe und Teilungen waren sehr erschwert. Das ließ der Bodenspekulation nur wenig Raum und richtete das vorrangige Augenmerk der Landbesitzer auf eine Steigerung der Bodenerträge und damit ihrer Rente.

Interessiert an Produktivitätserhöhung, hatten die Landlords besonders gute Möglichkeiten, diese zu verwirklichen. Sie besaßen die politische Macht im Lande, die bis ins 19. Jahrhundert hinein bei einem stark von den großagrarischen Interessen dominierten Parlament lag. Man kann dies beispielsweise bei den »Enclosures« sehen, das heißt bei der Privatisierung bisher gemeinschaftlich genutzten Landes. Bis etwa um die Mitte des 18. Jahrhunderts wurde die Überführung in Privateigentum überwiegend im Konsens aller Berechtigten geregelt. Als sich dann aber verstärkter Widerstand der kleinen Bauern dagegen regte, wurden die »Enclosures« durch Parlamentsakt fortgesetzt – durch gesetzlichen Zwang also. Die »Enclosures« erhöhten einerseits die Bodenproduktivität, indem sie die eigentumsmäßige Voraussetzung für verstärkte Investitionen in das Land schufen: die private Aneignung von deren Ertrag. Andererseits unterstützten sie die Tendenz zur sozialen Dreiteilung der in der Landwirtschaft tätigen Bevölkerung, indem sie der bäuerlichen Unterschicht die Lebensgrundlage entzogen und sie zwangen, sich als Lohnarbeiter zu verdingen. Auch der Lebensstil der Landlords im 18. Jahrhundert war zur raschen Durchsetzung produktivitätssteigernder Innovationen in der britischen Landwirtschaft sehr geeignet. Denn es handelte sich bei ihnen um eine relativ kleine Gruppe von Personen, die im Winter alle in London residierten, sich kannten, sich in landwirtschaftlichen Gesellschaften trafen und dort über landwirtschaftliche Fragen debattierten, was zeitweise große Mode war. Verbesserungen konnten sich daher schnell verbreiten, wobei die Landlords für ihre Pächter die Funktion von Multiplikatoren übernahmen.

Auf diesem Wege setzten sich sowohl neue Anbaumethoden als auch eine diesen entsprechende Änderung der regionalen Spezialisierung durch. Besonders zu erwähnen ist die

Ablösung der Dreifelderwirtschaft durch die Fruchtwechselwirtschaft, die auf die Brache verzichtete und stattdessen Pflanzen anbaute, die dem Boden wieder Stickstoff zuführten (Leguminosen). Vielfach wurde auf bestimmten Böden auch eine Form der Feld-Gras-Wirtschaft eingeführt, die sogenannte »New Husbandry«, bei der sich Ackerbau und Viehzucht auf denselben Flächen abwechselten; dies hatte entsprechende Synergieeffekte zur Folge, etwa bezüglich der Düngung. Weiterhin wurden die Methoden der Saatgutauswahl und Viehzucht stark verbessert, so daß auch von daher die Landwirtschaft ertragreicher wurde.

In der Tat hat sich in Großbritannien also eine Agrarrevolution ereignet, deren entscheidende Bedeutung für die weitere wirtschaftliche Entwicklung des Landes von Arnold Toynbee und vielen Wirtschaftshistorikern nach ihm völlig richtig gesehen worden ist. Und die Erfahrungen Großbritanniens sind durchaus heute noch für die Entwicklung unterentwickelter Länder gültig. Denn es bleibt richtig, daß es unschätzbare Vorteile für erfolgreiche Entwicklung bietet, wenn die heimische Landwirtschaft die Ernährung der Bevölkerung sicherstellt. Dafür dürfte im allgemeinen eine Produktivitätssteigerung unabdingbar sein. Entsprechend ist eine Besitzstruktur von Vorteil, bei der lebensfähige, nicht zu kleine Höfe von den Eigentümern oder Pächtern mit langfristigen Verträgen selbst bewirtschaftet werden. In diesem Fall werden Produktion und Bodenproduktivität maximal sein, wenn die Anreize richtig gesetzt sind, das heißt wenn die Möglichkeit des Marktabsatzes zu freien Preisen besteht. Dabei darf man nicht vergessen, daß die unter den damaligen Umständen hohe landwirtschaftliche Kapitalintensität im Großbritannien des 18. Jahrhunderts wegen des Fehlens von Maschinen heute mit einer recht niedrigen Kapitalintensität und relativ hoher Arbeitsintensität vergleichbar ist.

3. Die technischen Innovationen

Die Änderungen in der Landwirtschaft, die massiv produktivitätssteigernd wirkten, waren eine wichtige Voraussetzung für den konkreten Verlauf der Industriellen Revolution in Großbritannien, die Essenz dieses umwälzenden Prozesses lag allerdings nach allgemeinem Urteil woanders. Weiter oben wurde argumentiert, die »Industrialisierung« der Beschäftigungsstruktur sei der Kern der Industriellen Revolution gewesen. Im Gegensatz dazu schreibt die einflußreiche englische Wirtschaftshistorikerin Phyllis Deane diese Rolle eher den technischen Entwicklungen zu. Glaubte sie doch, seit den 1770er Jahren eine deutliche Beschleunigung des Industrialisierungsprozesses in Großbritannien erkennen zu können. Deren Ursache sah sie in »einer noch nie dagewesenen und international einmaligen Serie von Innovationen, die zwei britische Industrien in weniger als einer Generation revolutionierten, nämlich Baumwolle und Eisen«.

In der Baumwollindustrie wurde zunächst der Prozeß des Spinnens von Garn mechanisiert und stark beschleunigt. Dies geschah praktisch gleichzeitig für das Spindelprinzip durch James Hargreaves' »Spinning Jenny« von 1768 und für das Spinnradprinzip durch Richard Arkwrights »Waterframe« von 1769. Im Jahre 1779 wurde das mechanische Spinnen durch Samuel Cromptons »Mule« schließlich vervollkommnet, die automatisch wie der »Waterframe« Garne so fein wie auf der »Jenny« spann. Diese Maschine wurde zur Grundlage der Weltgeltung der britischen Garnindustrie, ermöglichte sie doch die konkurrenzlos billige Herstellung von Gespinsten größter Feinheit und Geschmeidigkeit und damit von höchster Qualität. Von kleinen Anfängen wuchs die britische Baumwollindustrie in den letzten drei Jahrzehnten des 18. Jahrhunderts sehr rasch – teilweise mit zweistelligen jährlichen Raten – und überflügelte bald nach der Wende zum 19. Jahrhundert in ihrer Gesamtproduktion die Wollindustrie, die jahrhundertelang die wichtigste britische Gewerbebranche überhaupt gewesen war. Und das geschah, obwohl die Erzeugung hier ebenfalls zunahm und die Innovationen der Baumwollspinnerei bald in die Wollspinnerei übertragen wurden.

Mit dem Aufschwung der Baumwollspinnerei kam auch

die Fabrik, deren Kennzeichen die Massenproduktion in zentralisierten Arbeitsstätten mit Hilfe von Maschinen ist. Durch sie wurde die Produktion in großem Stil aus dem Haus des Arbeiters wegverlagert, und außerdem wurde die Ausbildung ganz neuer Eigenschaften der Arbeiter, wie zum Beispiel eine viel größere Arbeitsdisziplin bei geringerer Selbstbestimmung über den Arbeitsprozeß, notwendig. Jedoch war, wie erwähnt, die Ausbreitung der Fabrik auf der Basis der technischen Innovationen in der Spinnerei nicht das einzige Charakteristikum der beginnenden Industrialisierung. Vielmehr kam es aufgrund der Vervielfachung der Garnproduktion zu einer gewaltigen Ausdehnung der Handweberei im dezentralisierten Verlagsgewerbe. Zwar hatte Edmund Cartwright schon 1787 den mechanischen Webstuhl erfunden, dieser setzte sich aber erst nach entscheidenden Verbesserungen in den 1820er Jahren durch. Bis dahin führte die Verbreitung moderner Fabrikmethoden in der Spinnerei gleichzeitig zum Wachstum der Weberei von Hand in vorindustrieller Organisationsform. Der die britische Industrielle Revolution kennzeichnende Dualismus im Gewerbe begann: Wachstum der hochproduktiven, relativ kapitalintensiven Fabrikproduktion und daneben jahrzehntelang auch die Expansion von handarbeitenden Gewerbezweigen mit sehr geringem Kapitaleinsatz. Und gerade der zuletzt erwähnte Teil des Gewerbes bot viele Arbeitsplätze für den in der kapitalistisch organisierten Landwirtschaft keine Betätigungsmöglichkeit mehr findenden Bevölkerungsüberschuß. Dabei handelte es sich vielfach um in der Organisation des Verlags zusammengebundene, formal selbständige Existenzen. Die Selbstausbeutung nicht lohnabhängiger Arbeitskräfte war hier an der Tagesordnung, und man kann wohl feststellen, daß sich einige Charakteristika einer Subsistenzwirtschaft im britischen Gewerbesektor und nicht in der britischen Landwirtschaft, wie normalerweise in sich entwickelnden Ländern, zeigten, darunter vor allem die Ausweitung des Arbeitskräfteeinsatzes über die eigentliche Grenze der Profitabilität hinaus, definiert durch die Gleichung Grenzkosten ist gleich Grenzertrag.

Die zweite durch Innovationen modernisierte Industrie war die Eisenindustrie. Bereits 1709 hatte Abraham Darby erstmals Eisenerz erfolgreich mit Steinkohlenkoks verhüttet.

Das war insofern potentiell sehr wichtig, als Großbritannien zwar reich an Steinkohle, aber arm an Holz und damit Holzkohle war, dem bis dato neben dem Erz wichtigsten Grundstoff der Eisenproduktion. Der Höhepunkt der britischen Erzeugung von Holzkohleneisen lag dementsprechend im 17. Jahrhundert; seither stagnierte die Industrie bestenfalls trotz der enorm vielseitigen Verwendungsmöglichkeiten von Eisen. Das Kokseisen breitete sich zunächst nur langsam aus. Das Resultat des neuen Herstellungsverfahrens war nämlich lange Zeit zu unsicher, die Güte des gewonnenen Eisens zu schlecht. Schließlich benutzte John Wilkinson 1776 eine Wattsche Dampfmaschine für den Betrieb des Gebläses, das die Schmelze im Hochofen glühend hielt. Damit war eine verläßliche, von rasch fließendem Wasser unabhängige Möglichkeit der Kokseisenherstellung gefunden, die außerdem den Bau größerer Hochöfen erlaubte. Seither war Roheisen kein Engpaß mehr.

Mit Koks gewonnenes Roheisen eignete sich aufgrund seines hohen Kohlenstoffgehalts vorwiegend zum Eisenguß. Für viele andere Zwecke war es zu brüchig, und es war nicht schmiedbar. Diese Probleme wurden 1784 durch Henry Corts Puddelverfahren gelöst. Dabei wurde Roheisen in großen Öfen nochmals erhitzt, wobei die von oben mit dem Eisen in Berührung kommende Luft den Kohlenstoff oxydierte, der dann als Gas entwich. Um alle Teile der Eisenmasse der Luft auszusetzen, mußte sie von den Puddlern in Schwerstarbeit permanent gerührt werden. Das Ergebnis war schmiedbares Stabeisen, das für alle industriellen Zwecke verwendbar war. Brücken, Rohre, Pflüge, Boote, Maschinen und Waffen – all das wurde aus diesem Eisen hergestellt; Holz wurde als universell verwendbares Material zunehmend verdrängt und Eisen zum Symbol der Industriellen Revolution. Die britische Eisenerzeugung vervielfachte sich innerhalb weniger Jahrzehnte, und Großbritannien wurde vom Importeur zum Exporteur von Eisen.

Etwa um die gleiche Zeit, in den 1760er und 1770er Jahren, wurde die Dampfmaschine durch James Watt in verschiedenen Schritten entscheidend verbessert. Die Dampfmaschine von Thomas Newcomen war zwar schon seit Jahrzehnten industriell im Einsatz, aber vorwiegend zum Wasserpumpen in Bergwerken. Watt vergrößerte den Wirkungsgrad dieser

Maschinen durch die Entwicklung des separaten Kondensators, er erfand eine Vorrichtung für die Umwandlung der Pumpbewegung des Kolbens in eine Kreisbewegung, wodurch er den Einsatzbereich der Maschinen erweiterte, und er konstruierte weitere Verbesserungen wie den Fliehkraftregler. Damit stand eine wirklich universell verwendbare Arbeitsmaschine zur Verfügung, unabhängig von Wasser- oder Windkraft, geeignet, den Produktionsstätten ganz neue Dimensionen zu geben. Es war ein riesiges Potential an Produktionszuwachsmöglichkeiten, das sich dadurch für die Zukunft eröffnete. Neuere Berechnungen gelangen allerdings noch für die Zeit um 1800 zu verschwindend geringen sozialen Ersparnissen durch die damals bereits existierenden wenigen Wattschen Dampfmaschinen. Demnach sollte man sich davor hüten, die Industrielle Revolution in Großbritannien allzu sehr mit der Dampfmaschine zu identifizieren. Überhaupt scheint der technische Fortschritt eine geringere Rolle für die Auslösung des Industrialisierungsprozesses gespielt zu haben, als man lange angenommen hat. Jedoch hat er später entscheidend zur Intensivierung des Wachstums und damit zu dessen Permanenz beigetragen.

Eine Frage, der nicht erschöpfend nachgegangen werden kann, ist, warum gerade damals in Großbritannien eine solche Serie von Schlüsseltechnologien zum Durchbruch gelangte. Zur Erklärung wird vielfach auf Engpässe verwiesen, etwa den Holzmangel, der die Verwendung von Koks nahegelegt habe, oder die Erfindung von John Kays Schnellschütz 1733, der die Produktivität der Handweberei verbesserte und allenthalben den Mangel an Gespinst noch verschärfte. In der Tat gab es auf verschiedenen Gebieten ein dringendes, auch artikuliertes Bedürfnis nach entscheidenden Fortschritten. Das erklärt jedoch noch nicht, warum diese dann tatsächlich eintraten. Sie ergaben sich ja auch nicht sofort, sondern erst nach Jahrzehnten verlängerten Mangels. In diesem Zusammenhang ist es bemerkenswert, daß nach 1760 die Anzahl der Patenteintragungen in Großbritannien Jahrzehnt für Jahrzehnt stark anstieg. Ein zuvor nicht gekannter Neuerungsgeist scheint von nun an die britische Gesellschaft durchweht zu haben. In der Literatur wird darüber spekuliert, das habe vielleicht etwas zu tun gehabt mit einer höheren Leistungsfähigkeit der Menschen aufgrund besserer, reichlicherer Ernährung, besonders im frühen Kindesalter. Waren doch gerade die Jahrzehnte vor 1740/1750 in Großbritanniens Landwirtschaft außerordentlich gut gewesen, als zu dem beschriebenen Produktivitätsfortschritt noch eine klimatisch günstige Periode kam. Damals herrschte in der Tat generell keinerlei Nahrungsmangel. Vielleicht also war die Welle grundlegender Erfindungen seit 1760 wirklich mitverursacht durch diese Zeit gesicherter ausreichender Ernährung, gewissermaßen eine Fernwirkung des Niveausprungs in der Nahrungsbereitstellung.

4. Die Kapitalverfügbarkeit

Abgesehen von klimatischen Zufälligkeiten waren in Großbritannien im 18. Jahrhundert noch weitere wichtige Voraussetzungen für die Auslösung einer Industriellen Revolution erfüllt. Man denke etwa an das handwerkliche, unternehmerische und kaufmännische Know-how einer jahrhundertealten gewerblichen Tradition und weltweiter Handelsbeziehungen. Zudem war Großbritannien ein relativ reiches Land. Es herrschte kein Kapitalmangel. Zwar stieg die volkswirtschaftliche Investitionsquote nach neuesten Schätzungen nur von etwa sechs Prozent im Jahre 1760 auf acht Prozent um 1800. Damit blieb ausgerechnet in dem ersten Land, das eine Industrielle Revolution erlebte, die Investitionsquote im Vorfeld hinter der Schwelle von zehn Prozent zurück, die Walt Rostow für einen erfolgreichen Take-off als unabdingbar angenommen hat. Dennoch konnten alle Kapitalansprüche erfüllt werden. So wurde ja bereits auf den vergleichsweise kapitalintensiven Charakter der britischen Landwirtschaft hingewiesen. Die Verkehrsinfrastruktur in Form von schiffbaren Flüssen, von Kanälen und von Privatstraßen war gut ausgebaut. Daß die britische Wirtschaft generell keine Probleme hatte, erforderliche Finanzmittel zur Verfügung zu stellen, zeigte sich auch während der Kriege mit Frankreich, als eine Flut von Staatsanleihen ohne signifikante Erhöhung des Realzinssatzes im Publikum untergebracht werden konnte.

Ebensowenig kann man behaupten, das Gewerbe oder, spezifischer, die neu entstehende Fabrikindustrie habe an

Kapitalmangel gelitten, selbst wenn es noch keinen institutionalisierten Teilmarkt für industrielle Anlagenfinanzierung gegeben hat. Es gab jedoch bereits ausgedehnten Hypothekarkredit, und es gab ein auf die Finanzierung von Umlaufvermögen mit Hilfe von Wechseln spezialisiertes Bankensystem. Das war am Ende des 18. Jahrhunderts im Gewerbe sehr wichtig. Denn den Großteil des im Gewerbe gebundenen Kapitals stellten noch die Rohstoffvorräte, Fertigwarenlager und Kundenforderungen dar, was alles mit Hilfe von Wechseln finanziert werden konnte. Dagegen war das Anlagekapital gering. So beliefen sich die gesamten gewerblichen Anlageinvestitionen im letzten Jahrzehnt des 18. Jahrhunderts auf schätzungsweise nur gut acht Prozent der volkswirtschaftlichen Kapitalbildung, wovon ein Viertel in der Baumwoll- und Eisenindustrie angelegt wurde. Die beiden wesentlichen Zweige der modernen Fabrikindustrie, die Träger der künftigen Bedeutung Großbritanniens als »Workshop of the World«, begnügten sich um die Wende zum 19. Jahrhundert also mit etwa zwei Prozent der gesamtwirtschaftlichen Investitionen zur Bildung von Anlagekapital. Wahrlich, die Investitionserfordernisse der Industrie waren noch sehr überschaubar.

Das lag daran, daß auch Fabrikunternehmen zunächst klein anfingen. Vielfach wurden bereits vorhandene Gebäude benutzt, und Maschinen und Einrichtungen konnten häufig erst einmal geliehen oder gemietet werden. Die Geringfügigkeit der Anlagekapitalien, die nötig waren, um mit der Produktion zu beginnen, ließ das Fehlen eines institutionalisierten Marktes für diesen Zweck kaum hinderlich sein. Ja, angesichts der spezifischen Risiken früher Fabrikproduktion und der Gefahren von Betrug und Spekulation kann man es sogar als einen Vorteil ansehen, daß Kapital zu Anlagezwecken meist im Verwandten- und Bekanntenkreis aufgebracht wurde und Verhaltenskontrollen damit inbegriffen waren. Tatsächlich standen häufig genug etablierte Handelshäuser hinter den neu gegründeten industriellen Unternehmungen, und sie halfen nicht nur mit dem nötigen Kapital aus. Für das weitere Wachstum war dann die Selbstfinanzierung aus den erwirtschafteten Gewinnen die wichtigste Quelle langfristigen Kapitals – der

Kapitalbildungsprozeß im Gewerbe entwickelte sich also schrittweise weiter.

5. Die Rolle der Nachfrage für die Industrielle Revolution

Bisher hat sich die Betrachtung der Industriellen Revolution in Großbritannien auf Faktoren der Angebotsseite konzentriert, nämlich die Agrarrevolution und – damit im Zusammenhang stehend – die Verlagerung eines beträchtlichen Teils des aufgrund wachsender Bevölkerung zunehmenden Arbeitskraftpotentials weg aus dem landwirtschaftlichen Sektor, die technischen Schlüsselinnovationen und die Kapitalverfügbarkeit. Das ist ganz üblich, und man trifft es in fast allen Darstellungen der Industriellen Revolution so an. Die Rolle der Nachfrage während der Industriellen Revolution wird demgegenüber seltener thematisiert. Ja, als vor nicht allzu langer Zeit die Frage nach der relativen Bedeutung der Nachfrage während der Industriellen Revolution explizit gestellt worden ist, lautete die Antwort, daß es generell keine unterbeschäftigten Ressourcen gegeben habe, die eine erhöhte Nachfrage hätte dauerhaft in den Produktionsprozeß integrieren und so Wachstum hätte generieren können. Insofern sei die Betrachtung der Nachfrage als ein wichtiger Faktor für die Industrielle Revolution irrelevant.

Die Vorstellung, in der Wirtschaft Großbritanniens vor der Industriellen Revolution habe es keinerlei Leerlauf gegeben, man habe vielmehr mit allen verfügbaren Mitteln produziert, mag eine gewisse Plausibilität genießen, insbesondere vor dem Hintergrund angeblich drohender Malthusianischer Krisen. In einer solchen Situation schaut man nach Möglichkeiten aus, das Angebot zu erweitern, um der Drohung Herr zu werden. Wenn die Situation gemeistert ist, schließt man zurück, der oder jener Produktivitätsfortschritt, das Hinausschieben der Produktionsgrenze an dieser oder jener Stelle habe das Überleben gesichert.

Inzwischen zeigt sich jedoch immer deutlicher, daß diese eben skizzierte Vorstellung, so verständlich sie ist, an der Realität vorbeigeht. Offenbar war es nämlich gar nicht so, daß die britische Wirtschaft in der zweiten Hälfte des

18. Jahrhunderts an der äußersten Grenze ihrer Produktionsfähigkeit angelangt war. Vielmehr scheint sie ihre Kapazität nicht voll ausgenutzt zu haben. Und zwar galt das für das Arbeitskraftpotential. Dieses stieg ja im Zuge zunehmenden Bevölkerungswachstums immer rascher an. Es wurde jedoch in der Landwirtschaft nicht mehr absorbiert und stand, eine entsprechende Nachfrage vorausgesetzt, für Produktionszwecke anderer Sektoren zur Verfügung. Dasselbe galt, und das ist wohl noch erstaunlicher, im Prinzip auch für das Kapital. Es gab keinen Mangel an Geldmitteln, die als Kapital einsetzbar waren, wenn sich eine entsprechende Verwendungsmöglichkeit fand. Offenbar war nicht eine irgendwie geartete Kapitalknappheit, wie von Rostow und anderen unterstellt, das Problem der britischen Wirtschaft im 18. Jahrhundert, sondern das Aufspüren profitabler Investitionsmöglichkeiten. Im Durchschnitt waren auch die Grundbedürfnisse der Menschen gedeckt und zwar besser als fast jemals zuvor. Nicht umsonst galt England im 18. Jahrhundert als reiches Land, in dem auch Dienstboten relativ gut ausgestattet waren. Verschiedentlich wird in der Literatur, wenn auch wohl fälschlich, bereits für das 18. Jahrhundert oder sogar noch früher die Herausbildung einer Konsumgesellschaft konstatiert. Das alles paßt jedenfalls nicht zu dem Bild einer von Armut, Mangel und Engpässen geprägten vorindustriellen Gesellschaft, aus der allein die Industrielle Revolution ein menschenwürdiges Entkommen gewährt habe. Selbst die technischen Innovationen lassen sich nur sehr eingeschränkt unter Hinweis auf besonders drängende Bedürfnisse erklären – diese gab es schließlich schon geraume Zeit –, sondern möglicherweise eher aus einer Situation relativen Überflusses heraus, wie wir sahen.

Insgesamt stellt sich somit die Industrielle Revolution als etwas ganz anderes dar denn als letzte Rettung einer mit all ihren Reserven produzierenden Gesellschaft vor der ansonsten unausweichlichen Malthusianischen Krise. Nein, sie war vielmehr eher das zufällige Ergebnis des Experimentierens mit einem eigentlich nicht gebrauchten Überschuß an Ressourcen. Die Industrielle Revolution hatte nicht den Charakter einer Notwendigkeit, sondern eher den eines Spieles.

Unabdingbar für das Gelingen dieses Spiels war aber eine

entsprechende Nachfrage. Und nach Lage der Dinge mußte es sich um Nachfrage vor allem nach gewerblichen Produkten handeln, denn gerade im gewerblichen Sektor lagen Reserven, besonders an Arbeitskraft, brach, wenn auch nur deshalb, weil sie von anderen Sektoren der Wirtschaft nicht geduldet wurden. Weitere wirtschaftliche Entwicklung mußte geradezu zwangsläufig zur »Industrialisierung« im Sinne der relativen Verstärkung des Gewichts des gewerblichen Sektors führen, nicht weil dort die Produktivitätsreserven so besonders groß gewesen wären – die waren eher in der Landwirtschaft vorhanden –, sondern weil die brachliegenden Produktionskapazitäten nirgends sonst so offensichtlich waren. Dabei handelte es sich jedoch vor allem um die Fähigkeit zur Arbeit, die im Zuge vorindustrieller Organisationsformen ausgenutzt wurde, um etwas Sinnvolles, das auch nachgefragt wurde, zu produzieren. Und das war primär nicht für den Export. Zwar ist es richtig, daß Großbritannien traditionell Gewerbewaren exportierte, und gerade für die Fabrikindustrien Baumwolle, Wolle und Eisen war der Export ein sehr wichtiger, wenn nicht der wichtigste Nachfragebestandteil. Insgesamt bleibt jedoch relativierend das Faktum gültig, daß trotz des Außenhandelsbooms zwischen 1760 und 1850, also in der Periode der Industriellen Revolution, nur ein relativ kleiner Teil des Zuwachses der gewerblichen Produktion in den Export geflossen ist. Der Export allein wäre zu schwach gewesen, um eine durchgreifende Änderung der Wirtschaftsstruktur Großbritanniens in Richtung Gewerbe abzusichern. Ebenso scheinen die Tendenzen der weiteren Spezialisierung und Urbanisierung die Kaufkraft für gewerbliche Produkte in Großbritannien nicht so erhöht zu haben, daß sie als an der Wurzel der Industrialisierung liegend angesehen werden könnten. Diese Rolle kann schließlich auch nicht der Staatsnachfrage zugebilligt werden, die, vor allem in Kriegszeiten, zwar manchen exogenen Stimulus bedeutete, die aber nicht die dauerhafte Steigerung der Nachfrage nach gewerblichen Produkten beinhaltete, die nötig war.

Es war vielmehr einerseits die wachsende Bevölkerung selbst, die zur Ausdehnung der Beschäftigung im Gewerbe entscheidend beigetragen hat. Noch 1831 war, wie Zensusdaten zeigen, beinahe die Hälfte der nicht in der Landwirtschaft beschäftigten Männer in Handwerk und Einzelhandel für die Deckung lokaler Nachfrage nach gewerblichen Gütern tätig. Die häufigsten Berufe waren: Schuster, Schreiner, Schneider, Maurer, Wirt, Einzelhändler, Schmied, Metzger und Bäcker, Berufe, die damals noch in ganz traditioneller Manier ausgeübt wurden. Dabei gab es gewiß keinen hohen Produktivitätsfortschritt. Um so größer war jedoch, rein statistisch betrachtet, der Beschäftigungseffekt der diesbezüglichen Nachfrage. Daß das Bevölkerungswachstum diese Wirkung haben konnte, lag hinwiederum an der mitwachsenden Kaufkraft. Insofern war also der schon in vorindustrieller Zeit erreichte relativ hohe Lebensstandard der Masse der Menschen eine wichtige Voraussetzung für die erfolgreiche »Industrialisierung« (im Wortsinne!).

Andererseits war es, und das scheint gut zum Gesamtcharakter der Industriellen Revolution als eines Spiels zu passen, die Wohlstandsnachfrage der reichsten Schichten der britischen Gesellschaft, die die »Industrialisierung« unterstützte. Eine Bedingung in diesem Zusammenhang war, daß sich in rascher Folge Zahl und Anteil derjenigen Haushalte in Großbritannien erhöhten, die eine ständige Nachfrage nach gewerblichen Produkten mit gewissem Luxuscharakter entfalteten. Dazu mußte das Haushaltseinkommen jedoch eine bestimmte Schwelle erreichen, unterhalb derer Einkommenszuwächse vor allem in die bessere Deckung von Grundbedürfnissen, darunter dasjenige der Ernährung, flossen und kaum etwas für den Konsum von nicht unentbehrlichen Gewerbeprodukten übrig blieb. Vom Standpunkt der Nachfrageausweitung mußte es für erfolgreiche Industrialisierung also am günstigsten sein, die gesamtwirtschaftlichen Einkommenszuwächse so zu verteilen, daß jeweils die größte Zahl von Haushalten über die genannte Schwelle gehoben wurde. Denn dann würde der Einkommenszuwachs den denkbar größten Effekt für die Steigerung der Nachfrage nach gewerblichen Produkten und damit für die Arbeitsplatzbeschaffung im Gewerbe bringen.

Das scheint in der Tat annähernd der Fall gewesen zu sein. Während von Anfang an der Adel den in der Industriellen Revolution möglich werdenden Konsumstandard genoß, dicht gefolgt von Kaufherren, kamen als nächste die Fabrikanten in diese Lage. Kleinere Unternehmer und Geschäftsleute erreichten eine Generation später, zu Beginn des 19. Jahrhunderts, das Stadium relativen Wohlstands. Es folgten besser gestellte Handwerker, und damit kam ein Teil der Arbeiterklasse in den Genuß eines gehobenen Lebensstandards.

Dieses Bild vermittelt demnach den Eindruck, die Einkommenszuwächse wären während der Industriellen Revolution gewissermaßen in konzentrischen Kreisen angefallen, beginnend nahe der Spitze der Einkommenspyramide und sich im Zeitverlauf nach unten hin verlagernd. Aus der Statistik ergibt sich etwas Ähnliches. Um die Mitte des 18. Jahrhunderts gehörten kaum mehr als fünf Prozent der britischen Familien zu den wirklich gutsituierten Haushalten, die sich allen Luxus leisten konnten. Bis zum Beginn des 19. Jahrhunderts war ihre Zahl dann auf etwa zehn Prozent gestiegen. Dabei scheint – und das ist das eigentlich Charakteristische – auch der *Anteil* dieser obersten zehn Prozent am Gesamteinkommen genau wie derjenige des folgenden Viertels zugenommen zu haben. Dieser Prozeß setzte sich in der Folgezeit weiter fort, wobei tendenziell immer genau der Anteil der Haushalte am Gesamteinkommen zunahm, die im Begriff waren, über die Schwelle zum Wohlstand hinausgehoben zu werden. Auf diese Weise wurde in Großbritannien bei jeweils gegebenem Gesamteinkommen die Nachfrage nach gewerblichen Produkten maximiert. Und so fand ein Großteil der Arbeitskräfte, die aus der Landwirtschaft herausgedrängt worden waren, im Gewerbe Beschäftigung und ein, wenn auch geringes Auskommen, was sonst nicht möglich gewesen wäre. Es ergibt sich also die paradoxe Situation, daß eben die spezifische Ungleichverteilung der Einkommen und insbesondere der Einkommenszuwächse dazu beigetragen hat, daß es zur Ausdehnung des gewerblichen Sektors kommen konnte, was einer Verelendung breiter Bevölkerungskreise lange Zeit einen effektiven Riegel vorgeschoben hat. Mit Blick auf heutige Entwicklungsländer muß man allerdings auch betonen, daß die Einkommenszuwächse mit der Zeit sehr wohl weit nach unten hin durchsickerten und nicht nur die obersten Schichten der Gesellschaft die dauerhaft Begünstigten waren.

Die Nachfrage spielte also eine ganz entscheidende Rolle

für die Industrialisierung in Großbritannien. Bestand das Wesen dieses Prozesses doch nicht etwa primär in der Ausweitung der Produktionsmöglichkeiten der Volkswirtschaft in bis dato nicht gekannte Dimensionen, sondern in der Organisation der volkswirtschaftlichen Produktion entlang im Prinzip bekannter Linien, aber in einer Weise, daß ansonsten brachliegende Produktionsfaktoren genutzt wurden. Da sich besonders im Gewerbesektor solche Produktionsfaktoren sammelten, war die »Industrialisierung« in ihrer simpelsten Form, als Ausdehnung der gewerblichen Produktion, nicht auf Kosten anderer Produktionen, aber doch das relative Gewicht des gewerblichen Sektors verstärkend, der naheliegendste Weg der Nutzung. Industrialisierung ist also in Großbritannien zuerst ein Prozeß extensiven Wachstums gewesen, das sich im gewerblichen Sektor konzentrierte, weil dort die Möglichkeiten für diese Art des Wachstums am offensichtlichsten zur Verfügung standen. Industrialisierung hatte insoweit noch nichts mit Produktivitätssteigerung zu tun, ja, der diesen Prozeß tragende Sektor entwickelte sich im Durchschnitt produktivitätsmäßig sogar recht langsam – im Vergleich etwa zur Landwirtschaft. Entscheidend war, daß es gelang, einen nicht abbrechenden Strom der Nachfrage nach den im Gewerbe produzierten Produkten zu generieren und so den Produktionsimpetus zu erhalten und den Prozeß weiter voranzutreiben. Das Wachstum der kaufkräftigen Bevölkerung und die spezifische Art der Verteilung der Einkommenszuwächse leisteten, wie gezeigt, einen wichtigen Beitrag dazu.

Wenn die Industrielle Revolution damit richtig beschrieben ist, muß man annehmen, daß auch extensives Wachstum in einer freien Gesellschaft und Wirtschaft auf Dauer Tendenzen entwickelt, die Wachstum generell institutionalisieren. Solche Tendenzen ergeben sich zum einen bei der Verschiebung des politischen Gleichgewichts. Die Dominanz agrarischer Interessen schwindet zugunsten einer stärkeren Repräsentanz der industriellen Quartiere. Dies läßt sich in Großbritannien das gesamte 19. Jahrhundert hindurch sehr gut beobachten, wobei die Wahlrechtsreformen – die erste wurde 1832 vorgenommen – Marksteine auf diesem Weg darstellten. Zum anderen löst industrielles Wachstum Folgeprozesse aus, die den Weg zum Industrieland irreversibel machen. Beispiele sind die Tendenz zur Urbanisierung, wachsende Knappheit an Produktionsfaktoren und daraus resultierend Rationalisierung sowie Übergang zu intensivem Wachstum.

III. Das Übergreifen der Industriellen Revolution auf den europäischen Kontinent

Spätestens nach dem Zusammenbruch der Kontinentalsperre im Jahre 1813 wurde die Konkurrenz der bis dahin entstandenen englischen Fabrikindustrie auf dem europäischen Kontinent schmerzlich spürbar. Alte europäische Gewerberegionen waren infolge der weit überlegenen englischen Produktivität in ihrer Existenz bedroht. Die offenbar unaufhaltsame Überschwemmung mit englischen Waren war ein Schock für Kontinentaleuropa. Von vielen ist die Situation damals als außerordentlich gefährlich eingeschätzt worden. Jedoch übermittelte Großbritannien auch Impulse für die weitere Entwicklung Europas. Ein solcher Impuls, gewissermaßen ein Transmissionsriemen der Industriellen Revolution, konnte zunächst einmal der Handel selbst sein, der nicht nur bedrohlich war, sondern auch ganz spezifische Chancen eröffnete. Des weiteren konnte man in Kontinentaleuropa versuchen, die neuen Produktionstechnologien Großbritanniens als Modell zu begreifen, das möglichst rasch nachgeahmt und an die eigene Situation adaptiert werden mußte. Und schließlich ergab sich ein Kapitalstrom, ausgehend von Großbritannien, der die Entwicklung anderer Volkswirtschaften beeinflußte.

Die Frage war, wie die einzelnen Länder sich an diese von Großbritannien herkommenden Impulse anpaßten, wie sie sie verarbeiteten und wie sie dementsprechend in ihrer weiteren Entwicklung beeinflußt wurden. Die unterschiedlichen Reaktionen auf die Herausforderung, die Großbritannien für die Wirtschaften der kontinentaleuropäischen Länder darstellte, lassen sich prinzipiell in zwei Kategorien einteilen: Da bestand zum einen die Möglichkeit, die Anstöße aus Großbritannien zu nutzen, um die eigene nachholende Industrialisierung zu bewerkstelligen. In diesem Fall kam es zu Entwicklung und beschleunigtem Wachstum in den betreffenden Ländern. Längerfristig konnte der Konkurrenz Großbritanniens auf industriellem Gebiet erfolgreich widerstanden werden, und man wurde ebenbürtig. Kurz gesagt, man gehörte bald zum Club der Industrieländer. Die andere grundsätzlich mögliche Reaktion bestand in der passiven

Anpassung an die neue Situation. Das hieß, unter dem Ansturm der britischen Konkurrenz, wozu sehr bald noch diejenige anderer sich industrialisierender Länder kam, vollzog sich tendenziell eine De-Industrialisierung, traditionelle Handwerkszweige schrumpften, ohne daß andere Gewerbe an ihre Stelle traten. Aber man nutzte das enorme Nachfragepban nutzte das enorme Nachfragepotential nach Agrargütern und Rohstoffen, das sich im Zuge der Industrialisierung Großbritanniens und anderer Länder ergab, und spezialisierte sich auf dessen Deckung im Zuge eines großen und steigenden Primärgüterexports. Wie sich zeigen sollte, war auf diese Weise Entwicklung jedoch im allgemeinen nicht zu haben. Stattdessen wurden diese Länder zur Peripherie, das heißt, der modernisierte Sektor ihrer Wirtschaften war einseitig auf die Bedürfnisse der Industrieländer ausgerichtet, ohne daß den anderen Bereichen ausreichende Wachstumsimpulse vermittelt wurden. Es ergab sich ein schädlicher Dualismus, sich selbst tragendes Wachstum blieb weitgehend aus.

Wichtig ist, zu erkennen, daß es im wesentlichen in Europa nur diese beschriebenen Reaktionsmöglichkeiten gegeben hat. Ein dritter Weg, nämlich sich den Einflüssen aus Großbritannien gegenüber total abzuschotten, wäre zwar denkbar gewesen, er wurde aber von keinem Land beschritten. Schon der Machterhaltungstrieb der Regierenden sprach dagegen, hätte dieser Weg doch bei eigener noch unentwickelter Industrie den Verzicht unter anderem auf die neuen Kommunikationsmittel (Eisenbahn!) sowie auf moderne Waffen notwendig gemacht, was keine Regierung sich leisten zu können glaubte. Vielmehr waren alle Länder bestrebt, diese und andere Attribute der Macht wenn nicht selbst zu produzieren, so doch zu importieren. Daraus aber ergaben sich zwangsläufig die Kontakte und der Handel mit Großbritannien und der industrialisierten Welt, die entweder die nachholende Industrialisierung unterstützten oder zur Peripherisierung führten.

Im übrigen, das ist hier in Parenthese einzufügen, fand der große Rest der Welt sich im Prinzip in der gleichen Situation wieder, wenn er nicht als Kolonie ohnehin von den sich industrialisierenden Staaten Europas dominiert wurde. In der Tat brachte dort der Kontakt mit den Industrieländern meistens die Peripherisierung mit sich. Das läßt sich beispielsweise an der ausgeprägten De-Industrialisierung, dem

Sterben traditioneller heimischer Gewerbe angesichts der Konkurrenz der Industrieländer ablesen. So sank nach neueren Schätzungen von Paul Bairoch das Volumen der gewerblichen Produktion der Regionen, die heute die sogenannte Dritte Welt darstellen, zwischen 1830 und 1900 um fast die Hälfte, in Indien allein um mehr als 70 Prozent. Unterentwicklung bedeutet demnach dezidiert etwas anderes als vorindustrielle Nicht-Entwicklung, stellt sie doch ein Komplement zu Entwicklung dar. Das heißt, wenn es keine entwickelten Länder gäbe, gäbe es auch keine unterentwickelten, da diese in ihren Strukturen auf jene bezogen und von jenen nicht unerheblich beeinflußt sind.

Kommen wir auf Europa zurück, wo sich im 19. Jahrhundert genau eine solche Spaltung der Länder in die zwei beschriebenen Gruppen ergab. Zur ersten Kategorie, die sich im Gefolge Großbritanniens industrialisierte, gehörten die Benelux-Staaten, Frankreich, die Schweiz und bald auch Deutschland, das heißt Kerneuropa, sowie nur wenig verzögert Skandinavien. Zur zweiten Kategorie, also zu den Ländern, die einem Prozeß der Peripherisierung unterlagen, zählten dagegen die meisten Staaten Südeuropas, nämlich Spanien, Portugal und Griechenland, die Balkanländer sowie der größte Teil Osteuropas. An der unterschiedlichen Entwicklung des Pro-Kopf-Produkts dieser Regionen im Verlauf des 19. Jahrhunderts kann man diese Aussage belegen (Tabelle 5, S. 72).

Um 1830 war die Streuung des durchschnittlichen Pro-Kopf-Produkts in den Ländern Europas, abgesehen von den beiden Extremen Großbritannien und Rußland, noch relativ gering. Das von uns so genannte Kerneuropa hatte gerade erst angefangen, sich zu industrialisieren, und sein Produkt pro Kopf war teilweise noch nicht höher oder sogar geringer als dasjenige in Ländern, die später zur Peripherie zählen sollten (Spanien, Portugal). Zwischen 1830 und 1860 wuchs das Pro-Kopf-Produkt dann in Großbritannien weiter rasch an, und in den Ländern Kerneuropas begann ebenfalls eine Wachstumsbeschleunigung. Der durchschnittliche Zuwachs belief sich hier auf gut die Hälfte. Dagegen betrug er in den skandinavischen Ländern nur ein Drittel, hier hatte die Industrialisierung also noch nicht voll eingesetzt. Am schlechtesten aber schnitten die drei Länder der künftigen Peripherie ab, für die Zahlen existieren. Sie erreichten nur einen Zuwachs von im

Tabelle 5: Entwicklung des Pro-Kopf-Produkts in europäischen Ländern; Angaben in Dollar (Preise von 1960)

	1830	1860	1910	Zuwachs in % 1860–1910
Großbritannien	346	558	904	62
Belgien	295	490	854	74
Frankreich	264	365	680	86
Schweiz	276	480	895	86
Deutschland	245	354	705	99
Dänemark	208	294	739	151
Norwegen	280	401	673	68
Schweden	194	225	593	163
Griechenland	–	230	325	41
Portugal	250	275	290	5
Spanien	263	346	370	7
Bulgarien	–	210	270	29
Rumänien	–	200	307	53
Rußland	170	178	287	61
Serbien	–	220	282	28
Ungarn	–	230	372	62

Quelle: P. Bairoch, Europe's National Product 1800–1975. In: Journal of European Economic History 5, 1976, S. 273 ff.

Durchschnitt 16 Prozent. Die Folge dieser Entwicklung war, daß sich 1860 eine weitere Spreizung der Sozialproduktzahlen ergab als 1830. Eine erhebliche Kluft begann, sich aufzutun. Von 1860 bis 1910 schließlich verlief das Wachstum in Kerneuropa schneller als in Großbritannien, so daß sich der Abstand zwischen beiden Regionen wieder verringerte. Es entstand ein Club industrialisierter, entwickelter Staaten, zu dem man damals auch schon Skandinavien zählen konnte. Die skandinavischen Länder zeigten nämlich im Durchschnitt den raschesten Zuwachs, wodurch sie dicht an Kerneuropa aufschlossen. Ganz anders verhielt es sich jedoch in den Ländern, die jetzt die Peripherie bildeten. Obwohl ihr Pro-Kopf-Produkt 1860 im Durchschnitt das geringste war, hinkte ihr Wachstum in der Folgezeit im Vergleich zu den anderen Ländergruppen weit hinterher. Als Konsequenz daraus entstand nun ein deutlicher Abstand zu den entwickelten Staaten. Die meisten dieser Länder waren nun eindeutig unterentwickelt in dem besprochenen Sinne.

1. Britische Impulse auf andere Länder

Sehen wir uns die Unterschiede in den Reaktionen auf die von Großbritannien ausgehenden Impulse zwischen den Ländern, die sich ebenfalls bald industrialisierten, und denjenigen, die zur Peripherie gehören sollten, etwas genauer an:

A. Der Handel leistete einen bedeutenden Beitrag zur Entwicklung der sich industrialisierenden Länder zunächst aus zwei Gründen. Einmal spornte die überlegene britische Konkurrenz, vor allem in industriellen Halbwaren wie Garn und Eisen, viele Unternehmen in den gleichen Branchen auf dem Kontinent an, ihre Kosten zu senken und in Nischen auszuweichen, in denen sie sich eher behaupten konnten. Kontinentale Unternehmer investierten ebenfalls in die Mechanisierung ihrer Betriebe und verlegten sich beispielsweise auf die gröberen Garnsorten. Bei diesen schlugen aufgrund der niedrigeren Herstellungskosten und Verkaufspreise die Transportkosten stärker zu Buche, wodurch sie eher in der Lage waren, einen lokalen Markt weiter zu beliefern. Manche forcierten mit Erfolg außerdem Spezialitäten, wie gefärbte Garne. Man kann sagen, daß die Verstärkung des Wettbewerbs durch die Fabriken Großbritanniens in vielen bereits in vorindustrieller Zeit entstandenen Gewerberegionen Kerneuropas die Rationalisierungsaktivität enorm angeregt und auf diese Weise einen unmittelbaren Beitrag zur Entwicklung geleistet hat. Dieser Effekt war potentiell besonders groß, wenn die betroffenen Staaten eine freihändlerische Politik betrieben, was beispielsweise Preußen und die Schweiz tatsächlich taten. Aber auch in protektionistisch eingestellten Staaten wie Frankreich wurde er deutlich spürbar, vermittelt über den Export, auf den traditionelle Gewerberegionen im allgemeinen angewiesen waren. Denn zumindest auf den Exportmärkten waren Anbieter aus diesen Staaten der britischen Konkurrenz ausgesetzt.

Zum zweiten aber konnten manche kontinentalen Gewerbezweige direkt von qualitativ hochstehenden und dennoch preisgünstigen Importen aus Großbritannien profitieren. Das galt selbst für Garnspinner, die eigene grobe Garne verkauften und mit feinen britischen Garnen ihr Sortiment erweiterten. In viel stärkerem Maße traf das jedoch auf Tuchwebereien zu, für die Garne ja der wesentliche Input waren. Wie bereits beschrieben, setzte die Maschinisierung der Baumwollwebereien auch in Großbritannien erst in den 1820er Jahren in größerem Maßstab ein. Bis zu dieser Zeit konkurrierte auf den europäischen Märkten demnach die britische Handweberei gegen die kontinentale Handweberei. Und wenn letztere ebenfalls britisches Maschinengarn zu fast den gleichen Konditionen wie die britischen Webereien verwendete, war sie im allgemeinen auf benachbarten Märkten unter zwei Gesichtspunkten der englischen Tuchherstellung überlegen, nämlich was die Transportkosten und, aufgrund des generell niedrigeren Lohnniveaus, was die Arbeitskosten betraf. Da die Mechanisierung der Weberei von Wolle, Leinen und Seide sich noch später als die der Baumwollweberei durchsetzte, blieb auch der Arbeitskostenvorteil der kontinentalen Betriebe in diesen Branchen länger erhalten. Außerdem vermochten kontinentale Unternehmen in der Weberei Großbritannien viel schneller bei der Mechanisierung zu folgen, als sie das in der Spinnerei getan hatten, hatten sie zu der Zeit doch schon intensive Erfahrungen mit der britischen Konkurrenz gemacht und waren gewohnt, nach technischem Fortschritt in Großbritannien Ausschau zu halten. So kam es, daß kontinentale Gewerberegionen in Branchen wie der Weberei ihre Märkte, die häufig in Ländern lagen, die noch weiter zurückgeblieben waren als sie selbst, nicht nur halten konnten, sondern unter Ausnutzung der Vorteile billiger und guter britischer Garne ihren Absatz sogar noch ausdehnten und zwar eventuell auf Kosten britischer Anbieter derselben Produkte, die mit höheren Kosten produzierten. Etwas Ähnliches galt beispielsweise auch für die Eisenweiterverarbeitung auf der Basis importierten britischen Roheisens.

Nach dem Gesagten dürfte jetzt folgende Statistik erklärlich werden, in der die Importe und Exporte Deutschlands in bestimmten Waren jeweils als Prozentsatz der inländischen Produktion in der Mitte des 19. Jahrhunderts aufgeführt sind:

Tabelle 6: Deutsche Importe und Exporte bestimmter Güter in Prozent der inländischen Erzeugung 1854/1856

	Importe	Exporte
Baumwollgarn	88	8
Baumwollgewebe	1	19
Wollgarn	19	2
Wollgewebe	3	29
Roheisen	38	1

Quelle: S. Pollard, Peaceful Conquest. The Industrialization of Europe 1760–1970. Oxford 1981, S. 181.

Kurz zusammengefaßt zeigt sich, daß beim Außenhandel mit industriellen Halbwaren Deutschland einen erheblichen Importüberschuß aufwies, wohingegen beim Handel mit Fertigwaren ein Exportsaldo auftrat, also genau das, was nach dem bisher Gesagten zu erwarten war.

Jedoch profitierte nicht nur die gewerbliche Ausfuhr Kerneuropas in die peripheren Länder indirekt von der Industrialisierung Großbritanniens, sondern auch der Export von gewerblichen Erzeugnissen dieser Region nach Großbritannien selbst nahm seit der Mitte des 19. Jahrhunderts rasch zu. Denn seither stieg der Lebensstandard breiter Schichten der britischen Bevölkerung, wie bereits ausgeführt, definitiv an und mit ihm auch die Kaufkraft für gewerblich hergestellte Konsumgüter. Das schlug auf die Importe Großbritanniens durch, dessen Fertigwareneinfuhr sich zwischen 1850 und 1880 etwa verfünffachte. Es handelte sich dabei vor allem um Konsumgüter und zwar aus Lieferländern, die fast ausnahmslos in Kerneuropa lagen. Aufgrund seines hohen Einkommensniveaus wurde Großbritannien für französische Seidenwaren, Schweizer Uhren und deutsches Spielzeug zu einem überragend wichtigen, wenn nicht dem wichtigsten Absatzmarkt, was durch die Aufhebung der letzten englischen Einfuhrzölle auf Fertigwaren im Jahre 1860 noch akzentuiert worden ist.

Für den Fall Deutschland soll dieses Phänomen ein wenig näher beschrieben werden: In der ersten Hälfte der 1850er Jahre waren nur gut zehn Prozent der deutschen Ausfuhr nach Großbritannien gewerbliche Erzeugnisse, wovon seinerseits fast die Hälfte aus Textilien und Kleidung bestand, also aus Produkten, bei denen die Arbeitskosten relativ stark zu Buche schlugen. Und zwar galt das besonders für die Seiden- und Samtwaren, deren Exporte nach Großbritannien bis in die 1870er Jahre hinein am stärksten zunahmen und deren Herstellung damals noch vollständig in Handarbeit erfolgte. Insgesamt nahm die deutsche gewerbliche Ausfuhr nach Großbritannien in dem halben Jahrhundert nach 1850 um mehr als das Zehnfache zu, so daß ihr Anteil an den Gesamtexporten Deutschlands dorthin um die Wende zum 20. Jahrhundert etwa 70 Prozent betrug. Auch damals waren daran Konsumgüter noch wesentlich beteiligt. Großbritannien allein nahm um 1900 fast ein Fünftel aller gewerblichen Exporte Deutschlands ab, die ihrerseits längst zur größten deutschen Ausfuhrkategorie geworden waren. Bei Textilien und Kleidung belief sich der britische Anteil an der deutschen Gesamtausfuhr auf gut ein Viertel; bei Spielzeug, Klavieren und Farblithographien war der diesbezügliche Prozentsatz noch höher.

Der Handel Großbritanniens mit den sich kurz nach ihm industrialisierenden Ländern Kerneuropas war also aufgrund der Massenkaufkraft, die sich in Großbritannien als Folge von Entwicklung und Lebensstandardsteigerung gebildet hatte, ein enormer Stimulus für die Konsumgütergewerbe des Kontinents. Zunächst profitierten davon vor allem Branchen, in denen noch nach vorindustriellen Methoden produziert wurde und zwar auch in Großbritannien. Das wiederum macht deutlich, wie wesentlich es war, daß das weltgeschichtliche Phänomen der Industriellen Revolution ein sequentieller Prozeß war, der sich nicht nur in den verschiedenen Regionen, sondern eben auch in den verschiedenen Gewerbezweigen zu unterschiedlichen Zeiten vollzog. Vielfach gelang es den kontinentalen Ländern dann aber, bei der Mechanisierung dieser Branchen nicht mehr nachzuhinken, ja teilweise hatten sie sogar eine Vorreiterrolle übernommen, so daß sie ihre Marktanteile auch danach halten konnten – ein Zeichen dafür, daß nach der Mitte des 19. Jahrhunderts eine beträchtliche Entwicklungsdynamik in diesen Ländern Platz gegriffen hatte.

Zusammenfassend läßt sich sagen, daß der durch den Außenhandel vermittelte Impuls Großbritanniens in den Ländern Kerneuropas stark durch ein Element geprägt war, das man die »Neuerarbeitung komparativer Vorteile« nennen könnte. Die Rationalisierungsaktivitäten, die Suche nach noch nicht besetzten Nischen, der Einsatz fabrikmäßig produzierter Inputs aus Großbritannien zur Kostensenkung und Qualitätssteigerung, die intensive Erschließung des britischen Absatzmarktes, dessen hohe Kaufkraft nicht verborgen blieb – all das läßt sich unter der genannten Überschrift subsumieren. Natürlich spielten auch bestehende Vorteile, vor allem niedrigere Arbeits- und teilweise geringere Transportkosten, eine Rolle, jedoch hätte man sich ausschließlich auf sie verlassen, wäre es wohl kaum zu nachholender Entwicklung gekommen. Entwicklung ist eben ein dynamischer Prozeß, der nicht durch eine statische Strategie, wie es das Ausnutzen bestehender komparativer Vorteile ist, in Gang zu setzen ist.

Eben dies taten die Länder der europäischen Peripherie. Ihr gewerblicher Sektor schrumpfte unter dem Ansturm der Konkurrenz der Industrien Großbritanniens und Kerneuropas. Fortan importierten sie fertige Konsumgüter wie Textilien in großem Ausmaß, aber, im Unterschied zu den Ländern Kerneuropas, viel weniger industrielle Halbwaren und Investitionsgüter wie etwa Maschinen. Die peripheren Länder nutzten demnach die Chance, durch die Importe aus den früh industrialisierten Regionen Entwicklungsanstöße zu erhalten, nur in sehr geringem Umfang, da die von ihnen getätigten Einfuhren großenteils ohne weitere Verarbeitung, was den Aufbau gewerblicher Produktionen begünstigt hätte, direkt in den Konsum flossen. Aber auch ihre Exporte unterstützten die Industrialisierung nicht, da ihre Ausfuhr meist aus weitgehend naturbelassenen Agrargütern und Rohstoffen bestand. So spielten im Export Griechenlands Rosinen, Oliven und Tabak eine wesentliche Rolle, Portugal exportierte vor allem Wein, und in Spanien war ursprünglich Wein, später Eisenerz das wichtigste Ausfuhrgut. Die Balkanländer exportierten ebenfalls überwiegend nicht veredelte Agrarprodukte, und Rußland sowie Ungarn waren große Getreideexporteure. All diese Länder nutzten die bedeutende und rasch steigende Nachfrage nach Agrargütern und Rohstoffen, die in den sich industrialisierenden Regionen entstand. Auch sie integrierten sich so in den Weltmarkt, und sie konnten durch wachsende Auslandsverkäufe von der

Entwicklung bei ihren Handelspartnern »profitieren«. Man kann also nicht sagen, daß sie ihre komparativen Vorteile vernachlässigt hätten, was das teilweise explosionsartige Wachstum ihrer Ausfuhren ja auch durchaus belegt. Aber sie stützten sich primär auf die gegebenen Vorteile, vielfach natürlicher Art, ohne sich neue und zusätzliche zu erarbeiten. Auf diese Weise verpaßten sie jedoch die Entwicklung – im wahrsten Sinne des Wortes. Anstatt die Industrielle Revolution nachholend zu vollziehen, wurden viele der peripheren Länder zunehmend zu ausschließlichen Exporteuren von Primärgütern transformiert, ja man kann sagen, deformiert.

B. Der zweite Entwicklungsimpuls der aus Großbritannien kam, war die Herausforderung, die die überlegene britische Technik darstellte. Sobald dies auf dem Kontinent klargeworden war, versuchte man, ebenfalls in den Besitz dieses technischen Wissens zu gelangen und die englische Technik in Produktionsprozessen auf dem Kontinent zu kopieren. Zwar wurden in den 1780er Jahren in Großbritannien in typisch merkantilistischer Manier Gesetze erlassen, die den Technologietransfer unterbinden sollten, was aber die damaligen administrativen Möglichkeiten bei weitem überforderte. Trotz der Gesetze floß daher ein Strom technischen Wissens aus Großbritannien ab; in den 1820er Jahren wurden die Verbote gelockert und 1843 schließlich aufgehoben.

Die neuen Techniken erreichten auf den verschiedensten Wegen, in Privatinitiative oder mit Unterstützung der Regierung des Empfängerlandes, den Kontinent. Blaupausen oder einzelne Exemplare der modernen Maschinen wurden herübergebracht, ausgestellt und untersucht. Fachkräfte kontinentaler Länder kamen nach Großbritannien, um dort einige Zeit in den Fabriken zu arbeiten und auf diese Weise persönliche Erfahrungen im Umgang mit der neuen Technik zu sammeln. Britische Ingenieure, Unternehmer und gelernte Arbeiter wurden zu Spitzenlöhnen von Betrieben in anderen Ländern angeworben, oder sie gingen aus eigener Initiative außer Landes und gründeten manchmal in der Fremde moderne Fabriken. Besonders bekannt wurde in diesem Zusammenhang die Familie Cockerill, deren Angehörige zunächst in Belgien und später in Deutschland große Maschinenfabriken besaßen. Nicht immer kam die neue Technik unmittelbar aus Großbritannien. Da sie in den verschiedenen Ländern Kontinental-, ja sogar Kerneuropas phasenverzögert eingeführt worden ist, wurde sie teilweise von den ersten Imitatoren vermittelt. So stammte zum Beispiel ein Teil der in Deutschland installierten Maschinen aus Belgien und der Schweiz. Aber in jedem Fall waren diese zunächst nach britischen Prinzipien und Mustern gebaut.

Es war nicht leicht, die britischen Maschinen nachzubauen, die britischen Verfahren nachzuahmen, selbst wenn man die Vorbilder vor Augen hatte. Oft genug fehlte einfach die praktische Erfahrung, und der erste Versuch scheiterte. Unter Umständen dauerte es dann ziemlich lange, bis ein zweiter unternommen wurde. Die Einführung der neuen Techniken konnte sich über Jahrzehnte verzögern, besonders dann, wenn alte Verfahren nicht sofort vollständig obsolet, weil zu teuer wurden. Häufig konkurrierte in diesen Fällen auf lokalen Märkten handgewebtes Tuch mit maschinengewebtem und Holzkohleeisen mit Kokseisen, und das Schwergewicht verschob sich nur langsam vom einen zum anderen. Das hatte den zusätzlichen Vorteil, daß die einheimischen Unternehmen mehr Zeit zur Anpassung hatten. Beim Garn allerdings war der Produktivitätsunterschied des modernen und des traditionellen Spinnverfahrens zu groß, als daß letzteres sich lange hätte halten können. Dementsprechend orientierten sich die Märkte schnell neu. Die Folge war, daß beispielsweise die ausgedehnte Flachsspinnerei Flanderns, die Lebensgrundlage von Tausenden von Handspinnern, innerhalb kurzer Zeit zugrunde ging und die Zentren der Leinenproduktion sich verlagerten.

Vor der Mitte des 19. Jahrhunderts war man jedoch schließlich in allen Ländern Kerneuropas so weit, mit der britischen Technik umgehen, die modernen Maschinen nachbauen zu können. Überall hatten sich Maschinenfabriken etabliert, die häufig von Handwerkern wie Schlossern, Schmieden und Instrumentenmachern gegründet worden waren. Man war in die Branche eingestiegen, indem man zuerst Ersatzteile fertigte und importierte Maschinen reparierte, bald solche nach vorliegenden Modellen nachbaute und sie schließlich den speziellen Bedürfnissen der Kunden anpaßte. In den Ländern der Peripherie dagegen konnte sich über viel längere Zeit ein einheimischer Maschinenbau nicht entwickeln, und man blieb dort auf Importe bzw. auf Fabriken, die sich in ausländischer Hand befanden und von Ausländern geleitet wurden, angewiesen.

Nach 1850 schloß sich die technologische Lücke zwischen Großbritannien und den Ländern Kerneuropas, was sich an zwei Entwicklungen zeigte. Einmal wurden nun britische Neuerungen praktisch sofort übernommen und ebenfalls auf dem Kontinent eingeführt. Das geschah etwa mit dem Stahlherstellungsverfahren nach Bessemer, das in den 1850er Jahren in England erfunden und noch im gleichen Jahrzehnt auch in manchen Unternehmen Kerneuropas mit Erfolg praktiziert wurde. Zum anderen kam es auf dem Kontinent zu Weiterentwicklungen britischer Technik, etwa wenn in Frankreich der mechanische Seidenwebstuhl erfunden wurde, bzw. zu ganz eigenständigen Innovationen, zum Beispiel in Deutschland durch Siemens in der Elektroindustrie sowie in der Chemieindustrie. Außerdem zeigte sich bei den zuletzt genannten beiden Branchen, daß Länder, die sich später als andere industrialisieren, wenn die Entwicklung einmal voll in Gang gekommen ist, spezifische Vorteile bei der Aneignung der jeweils neuesten Techniken besitzen. Denn je weiter eine Industrie bereits etabliert ist, je mehr Kapital sie in bestehende Produkte und Produktionsprozesse investiert hat, desto schwerer fällt ihr oft die grundlegende produktmäßige und technische Umstellung, da dann große Teile ihres Kapitals sich auf einen Schlag entwerten. Dementsprechend wird eine solche Industrie versuchen, den Strukturwandel hinauszuzögern. In einem jungen Industrieland dagegen, in dem die gleiche Branche zum Zeitpunkt der umwälzenden Innovation überhaupt erst im Aufbau ist, entstehen viel weniger Verluste bei einer Umsetzung der Innovation. So kommt es, daß Industrialisierungsnachzügler die schon länger entwickelten Länder häufig gerade bei den allermodernsten Produkten und Techniken überholen und die neu entstehenden Märkte besetzen. Das war im 19. Jahrhundert eindeutig in Deutschland im Verhältnis zu Großbritannien der Fall in der Elektro- und der chemischen Industrie. Beispielsweise zögerte die britische Chemieindustrie, rechtzeitig große Summen in die Herstellung synthetischer Farbstoffe, deren erster sogar in Großbritannien erfunden worden war, zu investieren. Die deutsche Chemieindustrie dagegen tat eben das, mit dem Ergebnis, daß sie diesen wachstumsträchtigen Sektor bald fast vollständig monopolisierte. Auch setzte sich der moderne Elektromotor im Vergleich zur Dampfmaschine in Deutschland schneller durch als in Großbritannien, zum Teil einfach deshalb, weil es noch viel weniger Dampfmaschinen gab. Etwas Ähnliches galt für die elektrische Straßenbeleuchtung gegenüber der Gasbeleuchtung und für das Telefon im Vergleich zum Telegraph. Aber auch in einzelnen Konsumgüterindustrien konnte es passieren, daß Großbritannien ausländische Märkte und sogar große Teile des heimischen Absatzes an Deutschland verlor, weil eine alteingesessene, renommierte Industrie den Anschluß an die technische Weltspitze verpaßt hatte, wie in der Klavierindustrie geschehen. Hier konnte Deutschland trotz gleichen Lohnniveaus zum größten Pianoexporteur der Welt aufsteigen und damit Großbritannien von dieser lange gehaltenen Position verdrängen, weil die deutschen Klavierbauer, die vielfach noch kleinere Betriebe hatten, im Gegensatz zu ihren britischen Kollegen, sofort einige entscheidende, aus den USA kommende Innovationen imitierten und sich so mit einem industriell hergestellten, qualitativ guten, aber dennoch nicht zu teuren Instrument besonders die Nachfrage der überall aufstrebenden, kaufkräftigen Mittelklasse sicherten.

In der Tat scheint diese viel größere Offenheit gegenüber einem Strukturwandel hin zu den modernsten Produkten und Verfahren entscheidend dafür zu sein, daß nachholende Entwicklung, die in manchen Bereichen eben auch das Überholen der etablierten Industrieländer impliziert, überhaupt möglich ist. In diesem Jahrhundert hat das insbesondere Japan vorexerziert, und möglicherweise finden sich die Industrieländer einschließlich Japans bald gegenüber Südkorea wieder in der gleichen Lage wie Großbritannien gegenüber Deutschland im 19. Jahrhundert. Mag Generierung von Wachstum durch sogenannte angepaßte Technologien – angepaßt an das noch sehr niedrige Entwicklungsniveau des betreffenden Landes – vorübergehend eine angemessene Strategie sein, auf Dauer praktiziert würde dieser Weg ein Gleichziehen mit den bereits entwickelten Ländern geradezu verhindern und einen spezifischen Vorteil der Spätindustrialisierer gar nicht zur Wirkung kommen lassen.

C. Im 19. Jahrhundert trat, ausgehend wiederum von Großbritannien, erstmals ein Strom von grenzüberschreitenden Kapitalien auf, die außer in Staatspapiere in hohem Maß in ausländische Transport- und Versorgungseinrichtungen, Industriebetriebe und Plantagen investiert worden sind. Dabei ergab sich folgende Sequenz: Zunächst, in der ersten Jahrhunderthälfte, investierten britische Kapitalgeber in den Ländern Kerneuropas und zwar vor allem in den Bau von Eisenbahnstrecken. Wie bereits erwähnt, kam es aber auch zu Direktinvestitionen in von Briten selbst gegründete Industrieunternehmungen. Es zeigte sich jedoch sehr bald, daß, genau wie in Großbritannien, in den Ländern Kerneuropas eigentlich kein Mangel an Finanzmitteln herrschte, die die vorhandenen Kapitalbedürfnisse befriedigen konnten. Man kann daher sagen, daß die britischen Investitionen von Kapital in neue Unternehmungen dort zwar einen wesentlichen Anstoß zu ihrer Einrichtung darstellten, jedoch als sich deren Erfolg abzeichnete, genügend einheimische Mittel für den weiteren Auf- und Ausbau mobilisiert wurden, so daß keine Notwendigkeit für Auslandsinvestitionen mehr bestand und diese zum größten Teil versiegten. In der Konsequenz wandte sich britisches Kapital anlagesuchend verstärkt der europäischen Peripherie, vor allem Osteuropa und dem Balkan, zu. Ergänzt wurde dieser Kapitalstrom nach 1850 schließlich mehr und mehr durch einen großen Kapitalexport zunächst aus Frankreich und später auch aus Deutschland. Damit hatten sich beide Länder von Kapitalimporteuren zu Kapitalexporteuren gemausert, und vor dem Ersten Weltkrieg hatten sie jeweils wesentlich mehr Gelder in der europäischen Peripherie investiert als Großbritannien. Dennoch war Großbritannien mit dem Besitz von fast der Hälfte aller im Ausland investierten Kapitalien der größte Auslandsinvestor geblieben, allerdings lag der Schwerpunkt seiner Auslandsanlagen inzwischen eindeutig in seinem Empire sowie in Nord- und Südamerika.

Die in ausländischer Hand befindlichen, in den Ländern der europäischen Peripherie investierten Kapitalsummen erreichten oft einen beträchtlichen Umfang, gemessen an der Kapitalbildung dieser Länder insgesamt. Beispielsweise hielten Ausländer nach der Wende vom 19. zum 20. Jahrhundert mehr als die Hälfte aller russischen Staatspapiere, und die Hälfte der gesamten industriellen Investitionen in Rußland wurde von ihnen getätigt. Hinter der rumänischen Ölindustrie stand fast ausschließlich ausländisches Kapital, und mehr als 50 Prozent der spanischen Erzminen gehörten Ausländern. Neunzig Prozent des insgesamt geförderten Erzes wurden exportiert. Außerdem floß viel Auslandskapital in den Eisenbahnbau jener Länder, manches auch in Versorgungseinrichtungen wie etwa Gasanstalten oder Wasserwerke. Der Kapitaldienst belastete ihre Zahlungsbilanzen beträchtlich, in einigen Fällen führte er praktisch zum Staatsbankrott, wie in Serbien, Bulgarien und Portugal, die daraufhin ausländischer Kontrolle ihrer Finanzen unterstellt wurden. Die Frage ist, ob die solcherart belastenden, teilweise sogar in der Folge die Souveränität einschränkenden Auslandskapitalien der wirtschaftlichen Entwicklung der peripheren Länder wenigstens genützt haben. Das kann man von vornherein verneinen, soweit sie der Finanzierung bloßer staatlicher Prestigeobjekte gedient haben. Dazu zählt wohl auch manche Eisenbahnlinie, die keinem ausgeprägten Verkehrsbedürfnis diente, sowie manche Versorgungseinrichtung in irgendeiner Residenzstadt. Soweit wirtschaftliche Zwecke mit einer Auslandsinvestition verfolgt wurden, waren es die Zwecke und Interessen des kapitalgebenden Landes, die im Mittelpunkt standen. Das erklärt, warum vor allem Anlagen zur Rohstofförderung mit Hilfe ausländischer Kapitalien gebaut worden sind. Die so gewonnenen Rohstoffe wurden regelmäßig zum großen Teil exportiert und befriedigten den wachsenden Bedarf der industrialisierten Länder, die gleichzeitig die kapitalexportierenden waren. Insofern leisteten die Auslandsinvestitionen genau dem Wandel Vorschub, der, auf gegebenen komparativen Vorteilen aufbauend, nicht zu echter Entwicklung führte. Natürlich mußte, um die Rohstoffe außer Landes zu bringen, auch ein modernes Transportsystem eingerichtet werden. Von daher ist es kein Wunder, daß Auslandsgelder in erheblichem Umfang ebenfalls in die Eisenbahn flossen, für deren Beitrag zur Entwicklung das eben Gesagte in ähnlicher Weise gilt. Für den Bau bestimmter Eisenbahnlinien waren manchmal auch strategische Motive der Kapitalgeberländer maßgebend, wie etwa bei der Berlin-Bagdad-Bahn.

Insgesamt ist die Eisenbahn Ausdruck eines Phänomens, das man die »Gleichzeitigkeit im Ungleichzeitigen« nennen könnte: In entwickelten, sich gerade industrialisierenden und peripheren Ländern nahezu gleichzeitig in Angriff genommen, hatte sie je nach dem erreichten Entwicklungsniveau höchst unterschiedliche Auswirkungen. War sie in Deutschland, überwiegend mit heimischem Kapital finanziert, ein Führungssektor für den Durchbruch der Industrialisierung, so war sie in peripheren Ländern weiter östlich und südöstlich dem inländischen Verkehrsbedürfnis weit voraus und belastete durch die notwendigen Importe sowie den Dienst für die zur Finanzierung aufgenommenen Auslandskapitalien obendrein die Zahlungsbilanz. Interessant erscheinen in diesem Zusammenhang die folgenden statistischen Angaben: Während die Länge existierender Bahnen pro Einwohner kurz vor dem Ersten Weltkrieg in Ost- und Südosteuropa immerhin etwa 55 Prozent derjenigen in Großbritannien und Kerneuropa betrug, belief sich die Gütertransportleistung nur auf knapp 20 Prozent und die Reisetätigkeit auf acht Prozent. Das dürfte deutlich machen, wie wenig selbst die Eisenbahnen in der europäischen Peripherie ein Zeichen von Entwicklung waren.

Alles in allem muß man feststellen, daß der durch den Kapitalexport wirksame Impuls in Kerneuropa eigentlich unnötig war und allenfalls die heimischen Investitionen in den zukunftsträchtigen Bereichen stimulierte. In den peripheren Ländern dagegen scheinen die Nachteile die Vorteile überwogen zu haben, wurde dadurch doch ihr peripherer Status eher noch verstärkt.

2. Gründe für unterschiedliche Reaktionen von sich industrialisierenden und zur Peripherie werdenden Ländern

Zunächst ist festzustellen, daß das vorindustrielle Entwicklungsniveau der beiden Ländergruppen in Europa bereits unterschiedlich hoch war. Das zeigt sich beispielsweise, wenn man die Gewerbedichte, also den Anteil der im Gewerbe Tätigen an allen Beschäftigten, schätzt. Lag dieser in Kerneuropa doch ungleich höher als in der europäischen Peripherie und, nebenbei bemerkt, auch höher als irgendwo in Übersee. Genau diese Tatsache wurde weiter oben ja als Grund dafür genannt, daß es nur in Kerneuropa und Großbritannien zu einer Industrialisierung in dem

Sinne kam, daß die Landwirtschaft als größter Sektor der Volkswirtschaft vom Gewerbesektor abgelöst wurde und erst später vom Dienstleistungsbereich.

In diesen Regionen gab es ganze Landstriche, die schon in vorindustrieller Zeit ein stark gewerbliches Gepräge hatten. So verband sich etwa mit Bradford in England die Wolltuchproduktion, mit Sheffield und Solingen die Herstellung von Schneidwaren, mit Flandern und Schlesien die Leinenweberei, mit Lyon die Seidenindustrie und mit dem Erzgebirge die Spielzeugfertigung. Kennzeichen dieser und anderer Gewerberegionen war, daß sie für überlokale Märkte produzierten. Vielfach waren die Industrien verlegerisch organisiert, wobei der Verleger die Funktion des Kaufmanns und des Finanziers innehatte. In solchen Gebieten konzentrierte sich nicht nur Fertigungs-Know-how, sondern auch das Wissen um Absatzmärkte und deren Wünsche sowie Kenntnisse der Buchhaltung und Finanzierung, wie überhaupt Kerneuropa in dieser Hinsicht sich über Jahrhunderte hinweg relativ weit entwickelt hatte. Der Vorteil der Verlagsorganisation lag in der Verbindung von unternehmerischem Talent und Kapital mit billiger Arbeitskraft, wie sie auf dem Land vielfach zu finden war, wo partiell noch Subsistenzwirtschaft herrschte und Familienmitglieder mit eingespannt wurden.

Auf diese Weise kam es zu einem Phänomen, das in der Literatur unter dem Begriff »Proto-Industrialisierung« diskutiert wird. Offenbar entstand nämlich eine industrielle Wachstumsdynamik eigener Art, indem die Menschen vor allem in Regionen mit schlechten Böden sich unter der Anleitung von Verlegern einer gewerblichen Tätigkeit zuwandten. Die so erschlossenen Verdienstmöglichkeiten über das karge Einkommen hinaus, das in solchen Gebieten die Landwirtschaft gewährte, ließen die Notwendigkeit strikter Kontrolle des Bevölkerungswachstums geringer werden. Ja, ganz im Gegenteil, durch zusätzliche Familienarbeitskräfte konnte das Einkommen sogar noch gesteigert werden. Dementsprechend stößt man gerade in von der Natur vernachlässigten, armen Gebieten Kerneuropas in vorindustrieller Zeit öfters auf eine höhere Geburtenrate und ein größeres Bevölkerungswachstum als in den sehr fruchtbaren Regionen. Auf diese Weise wurde das Arbeitskraftpotential zur Ausdehnung des jeweils spezifischen Gewerbes geschaffen, von dessen Florieren die ganze Region schließlich auf Gedeih und Verderb abhängig war.

Wenn auch einige dieser vorindustriellen Gewerberegionen, durch die Industrialisierung ihrer Gewerbe anderwärts schwer getroffen, im 19. Jahrhundert einem Prozeß der De-Industrialisierung unterworfen wurden, so gelang doch anderen ein rascher Anschluß an die Entwicklung. Ohne Zweifel war die Existenz relativ ausgedehnter Proto-Industrialisierung ein großer Vorteil für Kerneuropa. Denn dadurch war ein erhebliches Potential an Fertigkeiten und Erfahrungen in der gewerblichen Produktion sowie an unternehmerischen Fähigkeiten und Kapital vorhanden, das sowohl den Übergang zur Fabrikproduktion erleichterte als auch einen Anreiz dafür schuf. Im Verlauf dieses Prozesses wurden aus Verlegern dann Fabrikbesitzer, die nun in dieser Eigenschaft ihre Marktkenntnisse und Lieferanten- sowie Kundenbeziehungen weiter nutzen und ausbauen konnten.

Aber nicht nur hinsichtlich der vorindustriellen Gewerbeentwicklung war Kerneuropa weiter als die Peripherie, sondern auch in der Ausbildung von der Industriellen Revolution förderlichen Institutionen. So wurden, angestoßen durch die Gedanken der Französischen Revolution, in vielen Staaten Kerneuropas Verfassungen erlassen, die bestimmte Bürgerrechte und -freiheiten wie die Gewissensfreiheit, die Berufsfreiheit und das Recht auf Eigentum garantierten. Auch gestand man den Bürgern oder zumindest dem wohlhabenden Teil von ihnen ein gewisses politisches Mitspracherecht, vor allem bei der Bewilligung neuer Steuern, zu und richtete zu diesem Zweck parlamentarische Kammern ein. Beides war symptomatisch für die Strömungen der neuen Zeit, die wirtschaftlicher Betätigung sehr förderlich waren. Denn durch die Grundrechte wurde, mindestens dem Anspruch nach, eine staatsfreie Privatsphäre geschaffen, in der der Bürger auch als Wirtschaftender selbstbestimmt tätig werden konnte. Und die bürgerliche Mitwirkung in Steuerangelegenheiten sicherte unter anderem den Ertrag der wirtschaftlichen Betätigung vor willkürlichem staatlichem Zugriff. Dazu paßt die Gewerbefreiheit, die, stipuliert durch den Code Napoléon, nach und nach in den Staaten Kerneuropas eingeführt wurde und endgültig die Zünfte entmachtete, nachdem deren Stellung durch fürstliche Aufsicht und zunftfreie Gewerbe vor allem auf dem Land schon länger untergraben worden war.

Ein weiterer wichtiger Bereich, in dem Kerneuropa der Peripherie voraus war, war die institutionelle Verfaßtheit der Landwirtschaft. In Frankreich wurden während der Französischen Revolution die Leibeigenschaft der Bauern und alle feudalen Lasten entschädigungslos aufgehoben. Ähnliches geschah in den von Frankreich besetzten Gebieten, in denen der Code Napoléon eingeführt wurde, zum Beispiel in Belgien und den Rheinlanden. In anderen Regionen verlief der Prozeß langsamer und für die bisher abhängigen Bauern weniger vorteilhaft, weil sie ihre früheren Feudalherren für die Abschaffung der Frondienste und anderer Lasten mit Geldzahlungen oder Abtretung eines Teiles des von ihnen bewirtschafteten Bodens entschädigen mußten. Das war etwa in Preußen der Fall, wo die Niederlage gegen die Franzosen im Jahre 1806 die ersten diesbezüglichen Edikte provozierte. Auch in den anderen deutschen Staaten kam es zu vergleichbaren Regelungen. Dadurch, sowie durch die vielerorts ebenfalls durchgeführten, sogenannten Gemeinheitsteilungen, das heißt die Aufspaltung und private Aneignung bisher gemeinschaftlich genutzten Landes, wurde die Zersplitterung der Eigentumsrechte in mehreren Händen, wie das im Feudalismus mit dem grundherrlichen Obereigentum, dem ein bäuerliches Untereigentum zur Seite stand, der Fall war, beseitigt. Der jeweilige Bodeneigentümer wurde von vielen Restriktionen, die einer freien Nutzung seines Landes einschließlich des Verkaufs entgegenstanden, befreit, kurz, er wurde kapitalistischer Eigentümer. Damit entstand ein Bodenmarkt, eine Voraussetzung dafür, daß das Land bestmöglich bewirtschaftet wurde. Und der Ertrag von Investitionen wurde individuell zurechenbar, wodurch solche stimuliert worden sein dürften.

Zusammenfassend läßt sich feststellen, daß in den Staaten Kerneuropas durch die Bauernbefreiung in der ersten Hälfte des 19. Jahrhunderts außer einer Schicht kapitalistischer Großgrundbesitzer, die ihre Güter mit Hilfe von Landarbeitern bestellten, überall auch eine solide Schicht von freien Bauern entstand, die einerseits selbst für den Markt produzierten und andererseits ein wesentliches Element der Nachfrage nach den Produkten des lokalen Gewerbes darstellten.

In Osteuropa erwies sich der Feudalismus als hartnäckiger. Ja, hier bildete sich zur besseren Ausnutzung der sich bietenden Getreideexportmöglichkeiten eine Institution aus, die unter dem Namen »Zweite Leibeigenschaft« in der Literatur diskutiert wird. Die feudalen Grundherren dehnten, um die Gewinnmöglichkeiten aus dem Export voll auszuschöpfen, ihre Gutswirtschaften aus. Damit diese aber adäquat bewirtschaftet werden konnten, mußte der Arbeitsinput vergrößert werden. Daher wurden die Dienstpflichten der grundherrlichen Bauern erweitert, ihre Abzugsmöglichkeiten radikal beschränkt, ihre Rechte allenthalben beschnitten, so daß sie schließlich beinahe zu Sklaven ihres Herrn wurden, oder besser: des Bodens ihres Herrn (Erbuntertänigkeit).

Dazu kam, daß traditionell in Rußland die Dorfgemeinschaft, das Mir, weitgehende Rechte am Land wahrnahm und die Bauern in ein Geflecht gemeinschaftlicher Regeln einband. Beispielsweise konnte das Mir Umverteilungen des Landes vornehmen, um allen Haushalten eine ausreichende Lebensgrundlage zu sichern. Damit nahm es dem einzelnen Bauern jedoch einen wesentlichen Anreiz zu Investitionen in seinen Boden. Als in den 1860er Jahren auch in Rußland die Leibeigenschaft formell aufgehoben und erste zögerliche Schritte zu einem Freikauf von den bäuerlichen Lasten unternommen wurden, ist, da nicht gleichzeitig die Mir-Verfassung beseitigt wurde, primär letztere gestärkt worden. Erst nach der Jahrhundertwende wurde durch die Stolypinschen Reformen eine Möglichkeit der Lösung aus dem Dorfverband geschaffen. Demnach konnte sich in Rußland im 19. Jahrhundert ein starker Bauernstand, der frei über seinen Landbesitz verfügte, nicht mehr entwickeln. Vielmehr hatten die Bauern nur geringe Anreize zur Verbesserung der Bodenproduktivität, und sie blieben sehr arm, fielen also als Nachfrager für industrielle Waren fast ganz aus. Die zahlenmäßig kleine Schicht der Gutsbesitzer konnte diesen Mangel keinesfalls ausgleichen.

In dieser Hinsicht recht ähnlich war die Situation in den meisten anderen Ländern der Peripherie. In Ungarn etwa besaßen ein Prozent der landwirtschaftlichen Betriebe fast 50 Prozent des Ackerlandes, wohingegen 40 Prozent der Bauernschaft kein Land und weitere 30 Prozent so wenig

Land hatten, daß sie davon nicht leben konnten. Auf der iberischen Halbinsel wurden zwar Leibeigenschaft und feudale Lasten recht früh im 19. Jahrhundert abgeschafft, teilweise im Gefolge der Französischen Revolution und der Besetzung durch Frankreich, jedoch führte die unter liberaler Herrschaft vorgenommene Enteignung des Landes der toten Hand, das heißt von Kirchen, Kommunen und Staat, da damit keine Parzellierung der Ländereien einherging, sogar noch zu einer Stärkung der schmalen Gruppe der privaten Besitzer von Latifundien.

Ein dritter wesentlicher Grund für die unterschiedlichen Reaktionen auf die von Großbritannien ausgehenden Impulse von Ländern Kerneuropas und der Peripherie waren neben dem Niveau der vorindustriellen Gewerbedichte und dem Institutionenwandel die Ausbildungs- und Erziehungsstandards. Teilweise hingen diese zweifellos von dem Umfang traditioneller Gewerbetätigkeit ab, wurde dadurch doch in recht erheblichem Ausmaß technisches Know-how bei zahlreichen Arbeitskräften gebildet. Aber nicht nur wegen seiner höheren Durchsetzung mit Gewerbe war Kerneuropa im Vergleich zu den peripheren Regionen auch in diesem Punkt begünstigt. Vielmehr war hier das Schulsystem oft schon früh weit entwickelt, was unter anderem zur Verringerung des Analphabetismus führte. In der Mitte des 19. Jahrhunderts betrug beispielsweise die Analphabetenquote in England und Skandinavien nur mehr ein Drittel, in Frankreich 40 bis 45 Prozent. In Preußen war bereits 1763 ein öffentliches Schulwesen per Gesetz eingeführt worden, ein Schritt, der zum Beispiel in Bulgarien erst 1835 mit Gründung der ersten öffentlichen Schule getan worden ist. Dementsprechend lagen die Analphabetenquoten in der Peripherie um 1850 noch viel höher: 75 Prozent in Spanien, etwa 80 Prozent in Ungarn, 95 Prozent in Bulgarien. Selbst um die Wende zum 20. Jahrhundert betrugen die Quoten auf dem Balkan und in Rußland noch 70 bis 80 Prozent. Zur selben Zeit gab es in Frankreich nur noch 17 Prozent Analphabeten. Was für die elementare Schulbildung galt, das galt ebenso für das Oberschul- und Universitätswesen: Es tat sich eine große Kluft auf zwischen den Ländern Europas, die den Anschluß an die Entwicklung Großbritanniens bald fanden, und denjenigen, die zunächst zur Peripherie wurden. In letzteren, das kann man abschließend sagen, stand es demnach auf allen Ebenen der Humankapitalbildung ungleich schlechter als in ersteren. Und wenn dies tatsächlich der ausschlaggebende Faktor für Wachstum und Entwicklung sein sollte, wie weiter oben plausibel gemacht, dann ist es kein Wunder, daß diese in den Ländern der Peripherie kaum in Gang kamen.

Man könnte nun noch fragen, welche Rolle denn der Rohstoffreichtum für die Entwicklung spielte. War die aus Großbritannien kommende Technologie doch wesentlich eine Kohle-und-Eisen-Technologie, wofür nicht zuletzt die Verfügbarkeit von Kohle und Eisen in Großbritannien selbst verantwortlich war. Wenn demnach das zufällige Vorhandensein dieser Rohstoffe im Pionierland der Industrialisierung entscheidend dafür war, daß in der ersten Phase der Industriellen Revolution ebendiese Rohstoffe zum Träger des technischen Fortschritts wurden, so spielten sie für die Verbreitung der Industriellen Revolution doch eine viel geringere Rolle, als man annehmen würde. Zwar ist es richtig, daß unter den sich bald nach Großbritannien entwickelnden Regionen Kerneuropas einige ebenfalls reich an diesen Rohstoffen waren; man denke nur an Belgien, Nordfrankreich oder das Ruhrgebiet. Andererseits gab es aber auch Länder mit großen Rohstoffvorräten, die sich zur Peripherie entwickelten und ihre Rohstoffe exportierten, wie etwa Spanien. Und schließlich findet man unter den Frühindustrialisierern ausgesprochen rohstoffarme Staaten, zum Beispiel die Schweiz. Rohstoffe waren demnach weder eine hinreichende noch auch nur eine notwendige Bedingung für Industrialisierung und Entwicklung. Genauso wie man die bei ihrem Vorhandensein gegebene Chance zur Entwicklung durch ihren unverarbeiteten Export zunichte machen konnte, konnte man sie eben auch bei Nichtvorhandensein importieren und für die eigene Entwicklung nutzen. Rohstoffe sind dem Sachkapital vergleichbar: Wenn man sie sinnvoll einsetzen kann, das heißt, wenn die Entwicklungsdynamik erst einmal angestoßen ist, sind sie meist ohne Schwierigkeiten verfügbar, selbst wenn sie im eigenen Land nur unzureichend vorhanden sind.

3. Wichtige Charakteristika der Industriellen Revolution in einigen Ländern Kerneuropas: Belgien, Schweiz, Frankreich, Deutschland, Dänemark

Das Zusammenwirken der meisten der genannten Faktoren läßt sich anschaulich bei der Industrialisierung *Belgiens*, das sich in Nachfolge Großbritanniens mit am frühesten entwikkelte, verfolgen. Schon in vorindustrieller Zeit war das Gebiet stark mit Gewerbe durchsetzt, nämlich in Flandern mit der Flachsspinnerei und Leinenweberei, in der östlichen Provinz Limburg mit dem Wollgewerbe, und um Lüttich und Charleroi waren es die Eisenindustrie und die oft hausgewerblich organisierte Herstellung von Nägeln und kleinen Waffen. Kohle und Eisenerz waren vorhanden, sie dienten als Grundlage für die inländische Weiterverarbeitung. Und die Nähe zu Großbritannien scheint belgische Unternehmer besonders rezeptiv gegenüber technischem Fortschritt aus England gemacht zu haben. Jedenfalls wurden in belgischen Kohleminen sehr früh auch Newcomen-Maschinen zum Pumpen eingesetzt.

Die bereits vorhandene gewerbliche Basis erfuhr einen enormen Ausbau durch die Eingliederung Belgiens in das französische Staatsgebiet im Zuge der Revolutionskriege in doppelter Hinsicht: Einmal bedeutete die Einführung französischen Rechts, insbesondere des Code Napoléon, eine durchgreifende Modernisierung der belgischen Institutionen auf einen Schlag. Viele Hemmnisse der wirtschaftlichen Entwicklung wurden dadurch beiseite geräumt: Zünfte und Gilden wurden aufgehoben und Gewerbefreiheit für jedermann etabliert; die Bauern waren frei von jeder Art feudaler Bindungen und Lasten; Binnenzölle wurden abgeschafft. Zum anderen öffnete sich der riesige französische Absatzmarkt für die belgische Industrie. Die Nachfrage nach belgischer Kohle und nach Eisen, Waffen und Uniformen stieg stark an und dementsprechend die Produktion. Gegenüber diesen beiden Vorteilen erwies sich die versuchte Isolation von Großbritannien durch die Kontinentalsperre nur bedingt als Nachteil. Denn damit wurde doch auch zeitweise die übermächtige britische Konkurrenz vom Kontinent und eben von Belgien abgehalten. Allerdings traf das ebenfalls den technologischen Austausch, jedoch nicht vollständig. Immerhin gelang in dieser Zeit der Schmuggel von modernsten Spinnmaschinen aus England und ihr Nachbau in Belgien, ein Erfolg, der die mechanische Baumwollspinnerei zum Aufblühen brachte. Und kurz nach der Jahrhundertwende ließ sich, wie bereits erwähnt, der Engländer William Cokkerill in Belgien nieder, wo er zunächst Wollspinnmaschinen produzierte, bald aber einen bedeutenden Eisen produzierenden und weiterverarbeitenden Konzern aufgebaut hatte.

Die institutionellen Reformen und die große Nachfrage Frankreichs nach seinen Gewerbeprodukten in Verbindung mit der schon recht hohen Gewerbedichte der vorindustriellen Zeit und dem existierenden Unternehmertum, das bereits gewohnt war, technischen Fortschritt aus Großbritannien rasch zu imitieren, ließen die Industrialisierung Belgiens in der französischen Zeit so weit vorankommen, daß sie irreversibel wurde. Daran konnte auch eine tiefe Depression nach der endgültigen Niederlage Frankreichs, nach der Ausgliederung Belgiens aus dessen Staatsverband und dem Zusammenschluß mit den nördlichen Niederlanden nichts ändern, ebensowenig wie eine zweite Depression, die eintrat, als sich Belgien im Jahre 1830 selbständig machte. Die frühe Entwicklung seiner Eisen- und Maschinenbauindustrie zusammen mit relativ niedrigen Arbeits- und Transportkosten beflügelte den Export Belgiens in diesen Bereichen. Nicht zuletzt Deutschland fragte viele belgische Produkte nach, mit denen es seine eigene Industrialisierung zumindest teilweise in Gang setzte. So kam es, daß die Schwer- und Maschinenindustrie bald zum größten industriellen Sektor Belgiens avancierte und die Textilindustrie hinter sich ließ. Entscheidend für den Export Belgiens und für seine steigende Attraktivität als Transitland, von der nicht zuletzt der Hafen Antwerpen profitierte, war auch der Ausbau seines Transportsystems. Folgerichtig wurden hier große Summen investiert, so daß Belgien um 1850 nicht nur das dichteste Straßen- und Binnenschiffswegenetz in ganz Europa hatte, sondern auch schon weitgehend durch Eisenbahnen erschlossen war, deren Bau einen enormen zusätzlichen Impuls für die belgische Industrie darstellte.

Wie in Belgien war auch in der *Schweiz*, ebenfalls ein Land, das sich sehr früh industrialisierte, die Gewerbedichte im 18. Jahrhundert bereits groß. Ja, sie war wohl sogar noch ausgeprägter, schenkt man einer zeitgenössischen Schätzung Glauben, wonach zwei Drittel der Landbevölkerung wesentlich von gewerblicher Betätigung lebten und allenfalls für den Eigenbedarf eine kleine Landwirtschaft nebenher betrieben. Weitere Ähnlichkeiten zwischen der Schweiz und Belgien bestanden in der Kleinheit des Landes, was eben auch einen engen Binnenmarkt bedeutete und in beiden Fällen dem Export von Gewerbeprodukten eine wichtige Rolle im Industrialisierungsprozeß zuwies. Außer diesen Gemeinsamkeiten gab es jedoch auch entscheidende Unterschiede zwischen den zwei Ländern, vor allem in ihrer natürlichen Ausstattung, wobei die Schweiz gegenüber Belgien im Nachteil war. Das betraf etwa den Umfang des verfügbaren Ackerlandes. Die bergige Schweiz besaß davon viel weniger als Belgien, was im Fall der Schweiz gut mit der Protoindustrialisierungsthese übereinstimmt, wonach sich gewerbliche Tätigkeit vorwiegend in kargen Landstrichen entwickelte. Im Gegensatz zu Belgien ist die Schweiz auch ausgesprochen rohstoffarm. Drittens war ihre Verkehrslage wesentlich ungünstiger, was wahrscheinlich die Struktur ihrer gewerblichen Exporte mit erklärt, lag das Schwergewicht hier doch im Unterschied zu Belgien auf teuren Fertigwaren, bei denen die Transportkosten nicht so ins Gewicht fielen.

Dazu kam, daß die Zeit der französischen Dominanz auf dem Kontinent sich für die Schweiz weniger vorteilhaft auswirkte als für Belgien. Der Code Napoléon galt nur wenige Jahre in der Schweiz, und das Land erfreute sich nicht eines frei zugänglichen großen Absatzmarktes in Frankreich, dem traditionell besten Abnehmer Schweizer Waren, da es nicht in dessen Staatsgebiet eingegliedert wurde. Die Zentralisation der Verwaltung in Frankreich ließ den französischen Protektionismus eher stärker zur Geltung kommen. Jedoch waren die Schweizer Institutionen zu jener Zeit durchweg schon relativ liberal, und es gab so gut wie keine zentrale staatliche Instanz. Die Bauern waren weitgehend frei von feudalen Banden geworden, was der Code Napoléon im wesentlichen nur sanktionierte. Für große Teile des ländlichen Gewerbes existierte kein strenges Zunftrecht. Die schiere Notwendigkeit diktierte den Kantonen ein freihändlerisches Außenhandelsregime. Was schließlich die Absatzmärkte anbelangt, so schloß die Kontinentalsperre wenigstens die englische Konkurrenz vom Kontinent aus, und die Schweiz orientierte sich stärker in Richtung Deutschland. Im Verlauf der ersten Hälfte des 19. Jahrhunderts wurden dann die USA ein zunehmend bedeutender Käufer Schweizer Produkte.

Die drei wichtigsten vorindustriellen Gewerbebranchen in der Schweiz waren die Baumwollindustrie, die Seidenweberei und die Uhrenherstellung. Diese Bereiche blieben auch während und nach der Industriellen Revolution führend, wozu dann noch der Maschinenbau trat, der Impulse sowohl von der Textilindustrie – für die Entwicklung von Spezialmaschinen – als auch von der Uhrmacherei erhielt. Das zeigt wieder, daß vorindustrielles Gewerbe ganz entscheidend für einen raschen Industrialisierungserfolg war, daß es sogar den ganz konkreten Industrialisierungsweg vorgeprägt hat, was in Belgien ja gleichermaßen der Fall war.

Die Baumwollindustrie war und blieb der größte gewerbliche Sektor in der Schweiz. Wie konnte das geschehen, wo doch gerade dieses Gewerbe in Großbritannien so weit entwickelt war? Zunächst, am Ende des 18. Jahrhunderts, taten die Schweizer Unternehmen genau den weiter oben besprochenen Schritt, um von der überlegenen britischen Produktivität optimal zu profitieren: Sie verlegten sich auf die Weiterverarbeitung aus England importierten Maschinengarns. Zwar entwickelte sich in der Folge auf der Basis der Nutzung der billigen Wasserkraft auch in der Schweiz die Maschinenspinnerei, was, wie in Belgien, durch die Kontinentalsperre enorm unterstützt wurde. Aber noch 1822 war die Hälfte des in der Schweiz verwebten Baumwollgarns britischen Ursprungs. Bis 1835 wurde dieser Import dann allerdings fast ganz eingestellt. Die Schweiz produzierte Garne nun in derselben Qualität und Feinheit wie Großbritannien. In der Weberei spezialisierte sich die Schweiz auf hochwertige Gewebe, wobei ihr der hohe Ausbildungsstand ihrer Arbeitskräfte und die relativ niedrigen Löhne (aufgrund der landwirtschaftlichen Nebentätigkeit vieler) zugute kamen. Der Jacquard-Webstuhl wurde für die Herstellung gemusterter Baumwollstoffe angepaßt, und Schweizer erfanden Spezialwebstühle zur Produktion von Geweben mit stickereiähnlichen Elementen. Auf diese Weise schuf sich die Schweiz eine Nische, und sie gewann ein unverwechselbares Image als Produzent von Qualitätstuchen, das ihr den Absatz sicherte, zumal die Mechanisierung der Weberei dieser Art von Stoffen allgemein nur wenig vor der Mitte des 19. Jahrhunderts einsetzte. Auch die Seidenweberei und die Uhrenherstellung beruhten bis weit in die zweite Hälfte des 19. Jahrhunderts hinein überwiegend auf Handarbeit, im Falle der Uhrenproduktion hochgradig arbeitsteilig organisiert.

Die Schweiz stellte somit den interessanten Fall eines Landes dar, das sich in Nachfolge Großbritanniens entwickelte fast ohne den Einsatz von Kohle und Dampf. Das zeigt, daß auch in dieser Hinsicht die Industrielle Revolution in Großbritannien bereits im 19. Jahrhundert nicht alternativlos war und daß eine von der britischen radikal verschiedene Ressourcenkonstellation ebenfalls zur Entwicklung führte, wenn man sie richtig einsetzte. Die entscheidenden Voraussetzungen für diesen Erfolg der Schweiz scheinen gewesen zu sein: eine außerordentlich hohe vorindustrielle Gewerbedichte mit den entsprechenden Fertigkeiten der Arbeitskräfte und einem großen Potential an unternehmerischen Fähigkeiten sowie eine die wirtschaftliche Betätigung fördernde, relativ liberale Ordnung des gesellschaftlichen Lebens.

Im 18. Jahrhundert konnte man lange Zeit im Zweifel darüber sein, ob England oder *Frankreich* weiter entwickelt sei. Daher ist es kein Wunder, daß die technischen Innovationen Großbritanniens in Frankreich schon vor der Revolution eingeführt und verbreitet wurden. Das gilt besonders für die Baumwollspinnerei, die auch in Frankreich zur Fabrikindustrie wurde. Dagegen blieb in der Eisenherstellung das auf Holzkohlebasis produzierte Eisen bis weit ins 19. Jahrhundert hinein dominierend, aber nicht weil es an der Imitationsfähigkeit französischer Unternehmen gefehlt hätte, sondern weil erstens die Kohlevorkommen in Frankreich von schlechterer Qualität und ungünstiger gelegen waren und zweitens lange Zeit ein größerer Markt für das Koksroheisen fehlte. Das änderte sich erst in den 1840er Jahren mit der Eisennachfrage im Zusammenhang mit dem Eisenbahnbau.

Auch in Frankreich gab es in fast jeder Region bereits in vorindustrieller Zeit irgendein Gewerbe, das für den überlokalen Absatz produzierte. Darunter waren etliche ausgesprochene Luxusgewerbe stark entwickelt, wie die Lyoner

Seidenindustrie oder viele Sparten des Pariser Handwerks, die für den Hofbedarf arbeiteten. Eine wesentliche Voraussetzung für eine rasche Industrialisierung in Nachfolge Englands war also vorhanden. Denn wie auch sonst bedeutete die hohe Gewerbedichte in Frankreich ein Potential ausgebildeter Arbeitskräfte, eine große Anzahl verlegerisch tätiger Unternehmer für die Rekrutierung von Fabrikunternehmern, ausgedehnte bereits erschlossene Vermarktungsmöglichkeiten und Kapital. Außerdem bestand offenbar ein durch die geographische Nähe geförderter ständiger Wissensaustausch mit Großbritannien, der sich auch auf den technischen Fortschritt bezog, wobei in Frankreich die bildungsmäßigen Vorbedingungen für zügige Imitation ebenfalls vorhanden waren. Das zeigt besonders deutlich, daß ganz Westeuropa im Grunde genommen eine gemeinsame Kultur hatte und daß die Industrielle Revolution recht eigentlich ein Produkt dieser Kultur war.

Am Ende des 18. Jahrhunderts war das Pro-Kopf-Produkt in Frankreich mindestens so hoch wie das britische, und das ganze 19. Jahrhundert hindurch fiel Frankreich in dieser Beziehung nie weit hinter Großbritannien zurück. Das deutet darauf hin, daß Frankreich sich vom Ergebnis her ganz ähnlich entwickelte wie Großbritannien. In der Literatur findet man dagegen viele Stimmen, die behaupten, Frankreichs Industrialisierung sei zögerlich und verzögert erfolgt und man habe dort ungebührlich lange an traditionellen Formen des Wirtschaftens festgehalten. Wie ist dieser Widerspruch zu erklären?

Zunächst ist festzustellen, daß das Bevölkerungswachstum das 19. Jahrhundert hindurch in Frankreich viel niedriger war als in Großbritannien, ja, in Frankreich war es geringer als in jedem anderen Land Europas. Ein entscheidender Grund für dieses Phänomen dürfte die ländliche Besitzstruktur gewesen sein. Durch die Französische Revolution wurden in Frankreich zuerst alle feudalen Abhängigkeiten und Abgabeverpflichtungen der Bauern entschädigungslos gestrichen. Infolgedessen und weil in Frankreich große Eigenwirtschaften von Grundherren, wie im Osten Europas, recht selten waren, gehörte der Boden in Frankreich von da an ganz überwiegend kleinen und mittleren Bauern zu ausschließlichem Eigentum. Und wie öfters in bäuerlichen Gebieten mit einer gewissen Wohlhabenheit wurde die Zahl der Geburten in den Bauernfamilien sehr gering gehalten, um den Besitz bei Vererbung nicht zu zersplittern. Das erklärt also, zusammen mit der Tatsache, daß der Agrarsektor in Frankreich viel länger als in Großbritannien der dominierende volkswirtschaftliche Sektor blieb, die niedrige Rate des Bevölkerungswachstums.

Die Landwirtschaft war demnach in Frankreich alles andere als kapitalistisch organisiert wie in Großbritannien. Dementsprechend galt in Frankreich eher als in Großbritannien, daß die Menschen aus der Landwirtschaft, die ja aufgrund der Vermeidung der Bodenzersplitterung die Bauernfamilien auch ernähren konnte, für die Industrie richtiggehend durch attraktive Lohnbedingungen abgeworben werden mußten. Andererseits war die ländliche Bevölkerung in Frankreich ein verläßlicher Nachfrager gewerblicher Produkte und damit ein bedeutender Markt für die heimische Industrie, die ebenso wie die Landwirtschaft selbst durch hohe Zölle von der Auslandskonkurrenz abgeschirmt wurde. Mehr noch als in Großbritannien war die Industrialisierung Frankreichs damit von der Dynamik des Binnenmarkts, der jedoch in Frankreich sehr groß war, abhängig.

Das geringe Bevölkerungswachstum in Frankreich bedeutete, daß, um die gleiche durchschnittliche Wachstumsrate des Sozialprodukts pro Kopf aufzuweisen, das absolute Sozialprodukt viel weniger zunehmen mußte als in Großbritannien. Dazu kam der durch die ganz andere Struktur der ländlichen Gesellschaft im Vergleich zu England viel langsamere Strukturwandel weg vom Agrarsektor. Beides zusammen erklärt zu einem großen Teil den Eindruck, Großbritannien habe sich bedeutend schneller entwickelt als Frankreich. Und ein Blick auf die innere Zusammensetzung des Gewerbes in Frankreich ist geeignet, diesen Eindruck noch zu verfestigen.

Ähnlich wie in der Schweiz in Relation zu Belgien dominierten nämlich auch in Frankreich die konsumnahen Fertigwarenindustrien, wie die Gewebeherstellung und -veredelung, die Produktion von Lederwaren, Seife, Parfüm, Porzellan usw. Dagegen waren die Industrien, mit denen sich die Vorstellung einer Industriellen Revolution in besonderer Weise verknüpft, wie Kohle und Eisen, erst spät und auch dann immer relativ schwach entwickelt. Zum Teil lag das, wiederum ähnlich wie in der Schweiz, an der schlechteren Ausstattung Frankreichs mit den dafür notwendigen Rohstoffen. Zum Teil allerdings dürfte Frankreich auch nur die Spezialitäten seiner vorindustriellen Zeit weiterentwickelt haben, was aufgrund des technischen Vorsprungs der Briten und ihrer weitgehenden Marktdominanz bei den fabrikmäßig hergestellten Halbwaren durchaus rational war. Konsumnahe Fertigwaren waren die Produkte, die Frankreich trotz britischer Konkurrenz gut exportieren konnte, ja, Großbritannien selbst war in manchen dieser Sparten Frankreichs bester Kunde. Da es aber genau diese konsumnahen Gewerbezweige waren, wo im allgemeinen erst spät die mechanische und fabrikmäßige Produktion eingeführt wurde, verstärkte das den Eindruck verzögerter Entwicklung in Frankreich zusätzlich. In Wirklichkeit wählte Frankreich nur einen ganz anderen Entwicklungsweg als Großbritannien, einen Weg, der in mancher Hinsicht sogar vorteilhaft, weil mit geringeren sozialen Kosten verbunden war. Das Ergebnis war, gemessen am Pro-Kopf-Produkt, am allgemeinen Lebensstandard und letztlich auch am Strukturwandel, schließlich doch das gleiche.

Die Industrielle Revolution in *Deutschland* verlief in mancher Hinsicht entgegengesetzt zur französischen Entwicklung. Das Bevölkerungswachstum war viel größer, die Rohstoffausstattung war besser, was insbesondere die Kohlevorkommen betrifft, die Struktur der ländlichen Gesellschaft war nicht so eindeutig bäuerlich, vielmehr gab es, besonders in Ostelbien, eine exportorientierte, nach der Bauernbefreiung weitgehend kapitalistisch strukturierte Großlandwirtschaft. Die einflußreichen Vertreter dieser gesellschaftlichen Gruppe sorgten dafür, daß die Außenhandelspolitik Preußens und später des Zollvereins viel weniger protektionistisch ausgerichtet war als diejenige Frankreichs. Schließlich ergaben sich bei der Entwicklung der Industrie in Deutschland wichtige Unterschiede zu Frankreich. Zwar gab es auch in Deutschland, vor allem im Westen und in der Mitte, manche Regionen, die schon in vorindustrieller Zeit eine ausgeprägte gewerbliche Tradition hatten. Auch entstand schon im Jahre 1784 die erste mechanische Baumwollspinnerei in Ratingen bei Düsseldorf, ebenso wie bereits im 18. Jahrhundert die allerersten Kokshochöfen errichtet und Dampfmaschinen eingesetzt worden sind. Jedoch verbreitete sich der technische Fortschritt in Deutschland insgesamt zunächst wesentlich langsamer als in den bisher behandelten drei Ländern, so daß schließlich vielfach diese und nicht Großbritannien selbst als dessen Vermittler in Deutschland auftreten konnten.

Alles in allem verlief das Wirtschaftsleben in Deutschland zur Zeit des Wiener Kongresses 1815, ja selbst 1830 noch weitgehend in den traditionellen Bahnen. Möglicherweise kann man in diesen Jahren sogar von einer gewissen De-Industrialisierung, zumindest aber von einer Stagnation der Industrialisierungstendenz in Deutschland ausgehen, weil unter dem Einfluß der relativ ungehinderten Konkurrenz Großbritanniens und anderer Länder Westeuropas, die bereits weiter fortgeschritten waren, einige traditionelle Gewerbezweige, wie die Leinenindustrie, stark schrumpften, andere eine gewisse Zeitlang mit enormen Anpassungsschwierigkeiten zu kämpfen hatten und nicht mehr wuchsen, moderne Fabrikindustrie größtenteils aber noch fehlte. So kam es, daß in Deutschland immer größere Teile des aufgrund des raschen Bevölkerungswachstums zunehmenden Arbeitskräftepotentials verelendeten und hier am ehesten eine Malthusianische Krisensituation eintrat.

Nach Gründen für den Entwicklungsrückstand Deutschlands braucht man nicht lange zu suchen. Deutschland war sehr heterogen und sowohl politisch als auch sozial und religiös vielfach gespalten. Das Deutsche Reich bestand aus Hunderten, der Deutsche Bund dann immer noch aus Dutzenden mehr oder minder souveräner Einheiten, die dazu oft territorial noch weiter zersplittert waren. Es gab kein eindeutiges politisches Zentrum, wie es London oder Paris waren, wo unter anderem die Kommunikationslinien zusammentrafen. Wirtschaftlich bedeutete die Zersplitterung die Aufspaltung eines an sich großen Binnenmarktes in viele kleine Segmente, die sich durch Zollgrenzen abschirmten. Die Wirtschaftspolitik nahm, unter dem Aspekt Gesamtdeutschlands betrachtet, teilweise irrationale Züge an, wenn jeder Staat versuchte, sein spezifisches Gewerbe auf Kosten des benachbarten zu fördern oder wenn Verkehrswege um fremdes Staatsgebiet herum gebaut wurden.

In dieser Lage bedeutete der Deutsche Zollverein von 1834 einen großen Schritt vorwärts. Weiteten sich doch dadurch auf einen Schlag Blickfeld und Absatzmärkte der Unternehmer beträchtlich und vergrößerten sich die Wachstumschancen, aber auch der Konkurrenzdruck. Sehr bald wurde der Effekt des Zollvereins dann noch ungemein verstärkt durch die Eisenbahnen, die die Transportkosten sinken ließen und eine weitere enorme Marktintegration bewirkten. Jetzt zeigte sich, daß Deutschland zwar im Vergleich zu den westeuropäischen, früh sich entwickelnden Kernstaaten ein Industrialisierungsnachzügler war, daß aber auch hier die Industrialisierungsvoraussetzungen wie vorindustrieller Gewerbebesatz, genereller Ausbildungsstand der Bevölkerung, Kapitalverfügbarkeit und, jedenfalls seit den französischen Kriegen, ausreichende Modernität seiner Institutionen im Prinzip vorhanden waren und nach Verbesserung entscheidender marktorganisatorischer Bedingungen für dynamisches Wirtschaftswachstum sorgten.

In einer weiteren Hinsicht war die Eisenbahn der Katalysator dieser Entwicklung, der Führungssektor der Industriellen Revolution in Deutschland. Durch den Eisenbahnbau wurde nicht nur eine Vielzahl sonst arbeitsloser Arbeitskräfte direkt beschäftigt und damit das Arbeitsplatzangebot außerhalb des Agrarsektors gesteigert, sondern die Eisenbahn entfaltete auch eine ungeahnte Nachfrage nach Kohle, Eisen und Lokomotiven. Im Unterschied zu Ländern weiter im Osten wurde diese Nachfrage nur kurze Zeit vorwiegend durch Importe gedeckt; vielmehr reagierten deutsche Unternehmen schnell auf den Stimulus, indem sie bald selbst den Eisenbahnbedarf befriedigten und infolgedessen die industrielle Produktion stark anstieg. Dieser sogenannte Rückkopplungseffekt von der Eisenbahn auf vorgelagerte Branchen, die den Input zur Verfügung stellten, war entscheidend für den Aufschwung des Steinkohlebergbaus und die zügige Erschließung des Ruhrgebiets, nachdem man um 1850 dort in tieferen Schichten gute Kokskohle entdeckt und die technischen Verfahren zu ihrem Abbau entwickelt hatte. Der Rückkopplungseffekt war auch entscheidend für das Wachstum der Eisenindustrie, in der sich erst jetzt die Eisengewinnung auf der Basis von Koks statt Holzkohle in großem Stil durchsetzte. Und er war entscheidend für die Entwicklung kleiner Werkstätten, etwa für die Reparatur von Dampfmaschinen, zu modernen Maschinenfabriken.

Mit dem Eisenbahnbau und der positiven Antwort der deutschen Gewerbebetriebe auf den damit gegebenen Stimulus war Deutschland unwiderruflich auf die Schiene zur Industrialisierung gesetzt worden. Anders als in Frankreich dominierte in diesem Prozeß bereits zu Beginn eher die Schwer- und Investitionsgüterindustrie, was nach dem Gesagten nicht mehr verwunderlich sein dürfte. Insofern war die deutsche Industrielle Revolution der belgischen ähnlicher als der französischen und derjenigen in der Schweiz. Insofern erfüllte sie auch viel eher das populäre Bild von einer Industriellen Revolution, das eng mit Dampf und Eisen verknüpft ist. Auch die weitere Entwicklung entsprach diesem Bild, weil Deutschland im letzten Drittel des 19. Jahrhunderts schließlich führend in den damaligen High-Tech-Industrien, nämlich der chemischen und der elektrotechnischen Industrie wurde.

Einen wiederum ganz anderen Entwicklungsweg beschritt *Dänemark.* In diesem Fall übernahm nämlich die Landwirtschaft praktisch die Rolle des Führungssektors, das heißt sie stellte nicht nur die Ernährung der heimischen Bevölkerung im wesentlichen sicher und sie war nicht nur, wie etwa in Frankreich, ein wichtiger Faktor der Nachfrage nach gewerblichen Produkten. Vielmehr ging die eigentliche wirtschaftliche Dynamik, die in den bisher behandelten Ländern primär von der Entwicklung im Gewerbe getragen wurde, in Dänemark lange Zeit vom Agrarsektor aus. Das zeigt sich zum Beispiel daran, daß Dänemark das gesamte 19. Jahrhundert hindurch fast nur agrarische Güter exportierte, diese aber in steigenden Quantitäten. Wir sahen bereits, daß zahlreiche europäische Länder, die zur Peripherie wurden, ebenfalls vor allem Agrarexporteure waren. Worin lag dann aber in Dänemark der entscheidende Unterschied, der es diesem Land erlaubte, vom Agrarexport die wichtigsten Anstöße für seine umfassende Entwicklung zu erhalten?

Da ist als erstes die ländliche Besitzstruktur zu nennen. Während in vielen zur Peripherie werdenden Ländern der Landbesitz stark konzentriert war – Ungarn bietet ein anschauliches Beispiel dafür – herrschte in Dänemark ähnlich wie in Frankreich der bäuerliche Besitz vor. Das war das

Resultat einer für die von ihren Grundherren abhängigen Bauern sehr günstigen Befreiung von feudalen Pflichten und Abgaben im späten 18. und frühen 19. Jahrhundert mit erheblichen Anreizen für die Gutsbesitzer, Land an die Bauern zu verkaufen. Auf diese Weise wurde bei weitem der größte Teil des Landes zu freiem Eigentum der Bauern. Im Unterschied zu Frankreich, wo die gemeinsame Bewirtschaftung der Dorffluren in großem Ausmaß erhalten blieb, kam es in Dänemark gleichzeitig zur Flurbereinigung und damit zur Konsolidierung des Grundes der einzelnen Bauern in größeren, effektiver zu bestellenden Stücken.

Weiterhin war der Bildungsstand der dänischen Bevölkerung hoch. Bereits im Jahre 1814 wurde die allgemeine Schulpflicht eingeführt, und um die Mitte des 19. Jahrhunderts gehörte die dänische Analphabetenquote zu den niedrigsten Europas. Es gab Abendschulen in Stadt und Land für Erwachsene und nach 1860 auch spezielle landwirtschaftliche Schulen, was alles dazu beitrug, daß der dänische Bauer weniger ignorant war als der französische. Der dänische Bauer war bereit, technische Neuerungen zu übernehmen und auf Marktsignale zu reagieren.

Dazu kam, daß Marktsignale in Dänemark eher zur Geltung gelangten, einmal da die dänische Landwirtschaft von jeher, anders als die französische, stark im Export engagiert war und Dänemark allenfalls eine mäßig schutzzöllnerische Außenhandelspolitik trieb. Zum anderen war der Anteil der Subsistenzlandwirtschaft in Dänemark gering, der dänische Bauer war grundsätzlich marktorientiert. So konnte er nach den Napoleonischen Kriegen von der steigenden Weltnachfrage nach Getreide profitieren, und seine Situation verbesserte sich nach der Aufhebung der englischen Corn Laws – Großbritannien war mit der wichtigste dänische Markt – in den 1840er Jahren nochmals. Damit zog beträchtliche Wohlhabenheit in breite Schichten der dänischen Bevölkerung ein, und Handel, Schiffahrt und Schiffbau bekamen Impulse. Im Unterschied zu der großen Einkommenskonzentration in Ländern der Peripherie, die ebenfalls Agrarexporteure waren, regte die breite Streuung der Kaufkraft in Dänemark nicht primär die Importe von gewerblichen Gütern an, sondern das heimische Handwerk und Gewerbe. So blieb der über die Nachfrage der bäuerlichen Bevölkerung vermittelte

Anstoß im Land, während er sonst zum größten Teil ins Ausland abfloß.

Die Resonanz, die Marktsignale unter den dänischen Bauern bereits im 19. Jahrhundert fanden, zeigte sich ganz besonders, als nach 1870 infolge des Fallens der Transportkosten überseeisches Getreide die europäischen Märkte überschwemmte und zu einem starken Preisverfall führte. Viele Länder, darunter auch Deutschland, installierten als Reaktion darauf landwirtschaftliche Schutzzölle. Nicht so Dänemark; innerhalb relativ kurzer Zeit orientierte sich die dänische Landwirtschaft vielmehr neu, weg vom Getreideexport, hin zum Export von veredelten tierischen Produkten, in erster Linie Butter, Schweinespeck und Eiern. Der Brotgetreideanbau ging zugunsten von Futtergetreide zurück, wobei Futtermittelimporte die Futterbasis für die Tierhaltung noch erweiterten. Bei dieser Entwicklung spielten Genossenschaften der Bauern, die diese in Eigeninitiative gegründet hatten – ebenfalls ein Zeichen für den hohen Bildungsstand und die Agilität der dänischen Landbevölkerung –, eine wichtige Rolle. Diese bauten und betrieben die Molkereien und Schlachtereien, brachten damit entscheidende Größenvorteile und kontrollierte Qualität der Produkte. Die Nachfrage nach den zum Betrieb dieser Einrichtungen erforderlichen Maschinen, darunter genuin dänischen Erfindungen wie der Milchzentrifuge zur Rahmgewinnung, regte die Entwicklung einer heimischen Spezialmaschinenindustrie an, deren Produkte ebenfalls bald exportiert wurden. Außerdem erwies sich die Kombination der Produktion von Butter, Speck und Eiern insofern als optimal, als die bei der Butterherstellung in großen Mengen anfallende Magermilch bei der Schweinemast eingesetzt werden konnte, während die Schlachtungsabfälle wie Innereien, Schweineköpfe und -füße zu Hühnerfutter verarbeitet wurden.

Das Geheimnis, warum sich Dänemark wirtschaftlich entwickelte, während andere Agrarexportländer zur Peripherie wurden, liegt demnach in der Nutzung der Vernetzungseffekte der Landwirtschaft, wohingegen diese in anderen Ländern für die heimische Wirtschaft verlorengingen. Wir sahen, daß dazu in Dänemark die bäuerliche Besitzstruktur entscheidend war, die dafür sorgte, daß die durch die Exporte verdiente Kaufkraft nicht außer Landes floß. Weiterhin war die Neuorientierung der Landwirtschaft in Richtung Veredelungsausfuhr wichtig, nicht zuletzt weil dadurch zusätzlich eine Reihe wesentlicher Rückkopplungseffekte einerseits innerhalb des Agrarsektors selbst, andererseits für die Weiterverarbeitung seiner Produkte und die Herstellung der für diese Weiterverarbeitung notwendigen Instrumente geschaffen wurden. Bei alldem spielte zweifellos das hohe Bildungsniveau und die Marktorientiertheit der dänischen Bauern eine große Rolle. Insgesamt ist der dänische Fall deshalb so interessant, weil er zeigt, daß beim Vorhandensein bestimmter Voraussetzungen auch ein Agrarexportland sich umfassend entwickeln kann.

IV. Die Industrielle Revolution in den USA

Zur Zeit ihrer Unabhängigkeit, um 1790, hatten die USA ungefähr vier Millionen Einwohner (ohne Indianer), darunter 700000 Sklaven. Ihre Volkswirtschaft war viel stärker landwirtschaftlich geprägt als die der europäischen Kernländer in der vorindustriellen Periode: Mehr als 80 Prozent der Bevölkerung waren im Agrarsektor tätig. Daneben gab es an bedeutenden Wirtschaftsbereichen nur noch einige rohstofforientierte Gewerbe wie die Holzindustrie, den (Holz-) Schiffbau, Getreidemühlen, Fischerei und Pelzherstellung sowie die Handel und Schiffahrt betreibenden Kreise der Hafenstädte des Ostens. Die meisten gewerblichen Güter, darunter vor allem Konsumgüter wie Textilien, wurden entweder importiert oder, in den abgelegenen Gebieten, in der eigenen Hauswirtschaft und von lokalem kleinem Handwerk produziert.

In gewisser Weise erstaunlich für eine so einseitig landwirtschaftlich strukturierte Wirtschaft wie die amerikanische war das schon damals hohe durchschnittliche Pro-Kopf-Einkommen. Nach Schätzungen lag es sogar höher als das britische zur gleichen Zeit, und es belief sich im Vergleich zu demjenigen heutiger Entwicklungsländer, wie zum Beispiel Indiens, auf weit mehr als das Doppelte. Dieser Wohlstand war auch relativ breit gestreut – eine wesentliche Voraussetzung für das Wirksamwerden von Massenkaufkraft und die Entstehung von Massenmärkten. Entscheidend für dieses Phänomen eines allgemein hohen Lebensstandards in einer vorwiegend agrarisch geprägten Gesellschaft war zweierlei:

Fruchtbares Land war kein knapper Produktionsfaktor. Vielmehr standen jahrhundertelang im Westen des Kontinents weite Territorien zur Besiedelung offen, was die indianischen Ureinwohner nie verhindern konnten. In der Mitte des 17. Jahrhunderts fanden sich weiße Siedlungen nur an der Ostküste und entlang der Flüsse des Ostens, ein Jahrhundert später aber schon in den Tälern und auch westlich der Appalachen. So ging es weiter. Schrittweise wurde das Gebiet um die Großen Seen besiedelt, der texanische Süden sowie der äußerste Westen, wobei große Landstriche von der amerikanischen Regierung erworben wurden. Zum Beispiel wurde 1803 ganz Louisiana den Franzosen abgekauft, was das Territorium der USA verdoppelte. Das öffentliche Land wurde dann auf Auktionen versteigert. Dabei sind die Mindestpreise pro Acre im allgemeinen niedrig angesetzt gewesen, ja, im 19. Jahrhundert ergab sich eine fallende Preistendenz bis hin zur Gratis-Überlassung an Siedlungswillige, da der Staat ein Interesse an der Besiedelung hatte. In Perioden relativ hoher landwirtschaftlicher Preise waren diese Landverkäufe jeweils besonders groß, was darauf hindeutet, daß der Überfluß an Land tatsächlich ökonomisch signifikant war. Anders als in Europa und in vielen heutigen Entwicklungsländern war nicht Land, sondern eher Arbeitskraft knapp und daher teuer. Die Löhne mußten relativ hoch sein, da ja immer die Alternative der selbständigen landwirtschaftlichen Tätigkeit in neu zu besiedelnden Gebieten offenstand. Es verwundert daher nicht, daß nicht nur die amerikanische Geburtenrate sehr hoch war, sondern auch die Immigration gefördert wurde. Beides zusammen bewirkte ein äußerst rasches Anwachsen der Bevölkerung von vier Millionen Einwohnern im Jahre 1790 über 8,5 Millionen 1815, 31 Millionen 1860 auf 91 Millionen im Jahre 1910. Ein entscheidender Unterschied zwischen der Lage der USA am Anfang ihrer Geschichte und der Situation heutiger Entwicklungsländer war also, daß in den USA das schnelle Bevölkerungswachstum weitgehend als Antwort auf den Überfluß an Land interpretiert werden kann und somit eine Voraussetzung für dessen Nutzung in einem Prozeß extensiven Wachstums war, wohingegen in heutigen Entwicklungsländern durch das Anwachsen der Bevölkerung Land relativ immer knapper wird und extensives Wachstum daher im allgemeinen nicht im Agrarsektor stattfinden kann.

Ein weiterer Grund für den Wohlstand der Amerikaner war, daß die amerikanische Landwirtschaft in wesentlichen Teilen weltmarktorientiert war und auf diese Weise, anders als eine Subsistenz-Landwirtschaft, ihre komparativen Vorteile nutzte. Dabei ergab sich eine recht weitgehende regionale Spezialisierung. Die südlichen Gebiete exportierten im 18. Jahrhundert vor allem Tabak – der Tabak aus Virginia wurde geradezu zum Begriff –, daneben noch Reis, Zucker und den Farbstoff Indigoblau. Später, nach der Verbreitung von Eli Whitneys Erfindung der Baumwollentkörnungsmaschine aus dem Jahre 1793, wurde Baumwolle das Hauptanbau- und wichtigste Exportprodukt. Der Süden deckte einen Großteil seines Arbeitskraftbedarfs mit Hilfe von Sklaven, die von ihren Eigentümern wie ein Kapitalgut angesehen wurden. Auf diese Weise konnten riesige Baumwollplantagen entstehen, deren Besitzer ein fürstliches Leben führten. Und wie ein Kapitalgut mußte die Arbeitskraft der Sklaven möglichst intensiv genutzt werden, um rentabel zu sein. Die Möglichkeit hierzu hing jedoch vom Klima ab, was nur im Süden den Großteil des Jahres günstig genug war – ein ökonomischer Grund dafür, daß die Sklaverei eine Institution vor allem der südlichen Gebiete wurde. In den mittelatlantischen Gebieten (New York, Pennsylvania und New Jersey) spezialisierte man sich dagegen stärker auf den Getreideanbau. Hier herrschten Farmen mittlerer Größe vor, die vor allem mit Hilfe der Familienarbeitskraft bewirtschaftet wurden, ähnlich wie später bei der Besiedelung des mittleren Westens. In Neuengland schließlich, dem Nordosten der späteren USA, war der Boden am wenigsten fruchtbar, die Landwirtschaft am wenigsten ertragreich. Hier gab es viel Subsistenz-Landwirtschaft, und – typisch für unfruchtbare Gebiete – man versuchte sein Einkommen durch nicht-landwirtschaftliche Tätigkeiten aufzubessern. Infolgedessen entwickelten sich hier die Fischerei, die Holzindustrie und der Handel besonders stark. Später entstand hier das erste Zentrum der Industrie innerhalb der USA.

Im großen und ganzen waren die Voraussetzungen für Entwicklung in Amerika demnach sehr gut: Der Überfluß an Land ließ ein rasches Wachstum der landwirtschaftlich tätigen Bevölkerung zu, ohne daß deren Produktivität sank. Und die Bindungen der amerikanischen Kolonien an Europa führten mit einer gewissen Logik zu einer starken Orientierung auf den Export, ja, auf den Außenhandel generell, was durch die Nutzung der komparativen Vorteile zu hohen Durchschnittseinkommen der Siedler führte. Man kann also im 17. und 18. Jahrhundert von einem Fall exportgeleiteten, extensiven Wachstums sprechen. Dazu kam schon vor der Unabhängigkeit, erst recht aber danach mit einer der frühesten freiheitlichen Verfassungen, eine große Modernität vieler Institutionen. Den typischen Feudalismus gab es nicht, die Eigentumsrechte vor allem am Land waren wohldefiniert, es herrschte Gewerbefreiheit, die Bürgerrechte wurden beachtet. Zudem lagen die Standards von Bildung und Ausbildung, wie bei protestantischen Dissidenten üblich, sehr hoch. Was im Vergleich zu Kerneuropa fehlte, war allerdings das relativ hohe Niveau vorindustrieller Gewerbedichte.

Obwohl die genannten Bedingungen in allen amerikanischen Kolonien gleich waren, ist nun das Erstaunliche, daß sich die weiteren Entwicklungswege zunächst radikal trennten. Der Süden konzentrierte sich, wie gesagt, zunehmend einseitig auf die Baumwolle und nutzte seinen in dieser Hinsicht bestehenden Vorteil in extenso. Dabei bediente er sich der Institution der Sklaverei, um die notwendige Menge an Arbeitskraft zu mobilisieren, an der er dementsprechend ebenso hartnäckig festhielt wie der russische Gutsherr an der zweiten Leibeigenschaft. Auch sonst ähnelte die Lage des Südens in mancher Beziehung derjenigen der europäischen Peripherie, wurde doch das Hauptagrargut, die Baumwolle, im wesentlichen in nicht weiterverarbeitetem Zustand exportiert. Zwar entwickelte sich eine ausgedehnte Baumwollindustrie in der ersten Hälfte des 19. Jahrhunderts in den USA, aber nicht im Süden. Die Einkommenskonzentration war im Süden offenbar viel stärker als in den anderen Teilen der USA mit ihren Familienfarmen. Ein Großteil dieser Einkommen wurde aber mangels entsprechenden Angebots nicht im Süden selbst ausgegeben, sondern floß in andere amerikanische Regionen oder ins Ausland ab, mit der Folge, daß entscheidende Multiplikatoreffekte verlorengingen – ebenfalls ein typisches Kennzeichen eines peripheren Status. Ganz anders dagegen verlief die Entwicklung in Neuengland. Ähnlich wie viele sich früh industrialisierende Gegenden Europas erarbeitete sich dieses von der Natur im Vergleich eher benachteiligte Gebiet gerade deshalb neue komparative Vorteile in Auseinandersetzung mit ausländischer Konkurrenz. Und das war es, was langfristig auf sicherer Grundlage zu Wachstum und Entwicklung führte, anders als die prekäre Abhängigkeit des Südens vom Baumwollboom. Insofern löste der amerikanische Bürgerkrieg in den Jahren 1861 bis 1865 und die Niederlage des Südens, die zur Abschaffung der Sklaverei führte und damit eine der Stützen der südlichen Ökonomie einriß, ex post betrachtet, einen durchaus heilsamen Zwang zur Umorientierung weg von der gefährlichen Sackgasse einer Rohstoffexportwirtschaft aus, was das wirtschaftliche Schicksal aller Teile der USA wieder mehr zusammenführte und langfristig mit Sicherheit auch dem Süden Vorteile brachte.

Der zeitweilige Kontrast der Entwicklungswege zweier Großregionen im selben Land ist interessant. Gleichzeitig kann man aber auch an der Erklärung von Entwicklung verzweifeln, wenn man nicht die Ungunst der Natur zum Hauptfaktor dieses Prozesses erheben will. Möglicherweise muß man jedoch eine Erklärung auf einer abstrakteren Ebene suchen, etwa dem Denken von Menschen in Alternativen, wie immer es zustande kommt, sei es durch die relative Ungunst der Lage, durch Bildung und Erziehung oder durch liberale, mobilitätsfördernde gesellschaftliche Institutionen. Umgekehrt wäre alles, was ein solches Denken behindert, entwicklungshemmend, worunter eine zu eindeutige Konstellation der komparativen Vorteile genauso fällt wie ein zu stures Weltbild oder ausschließlich statusorientierte Institutionen. Aber das sind Spekulationen.

Gemeinhin wird der Beginn des Fabriksystems in Amerika mit der Errichtung einer lebensfähigen Baumwollfabrik durch Samuel Slater im Jahre 1790 in Rhode Island angesetzt. Slater war ein englischer Emigrant, der das nötige Know-how aus Großbritannien mitbrachte. Überhaupt ist es angesichts der engen Bindungen Amerikas an Großbritannien und angesichts des hohen Bildungsstands nicht weiter verwunderlich, daß sich die neuen britischen Technologien recht schnell auch in Amerika durchsetzen konnten. Allerdings fand die Slatersche Fabrik zunächst nur wenige Nachahmer. Dafür spielten verschiedene Gründe eine Rolle: Einmal war da die noch überlegene britische Konkurrenz, die bereits über langjährige Erfahrungen im Umgang mit der neuen Technik und über eingespielte Absatzwege zu den überhaupt lohnenden Nachfragepolen in einem stark segmentierten Markt verfügte. Außerdem waren aufgrund des Vorhandenseins von großen Landreserven nicht nur die Arbeitskosten sondern auch die Kapitalkosten in Amerika höher als in Großbritannien. Drittens eröffneten gerade damals Handel und Schiffahrt besondere Gewinnmöglichkeiten, da in Europa Krieg herrschte und Amerika aufgrund seiner

Neutralität ein von beiden kriegführenden Parteien gesuchter Lieferant und Zwischenhändler war. Die Kaufleute Neuenglands, die wegen ihrer Erfahrungen im Import und Absatz von Textilien am ehesten hätten geneigt sein können, eine eigene Textilproduktion aufzubauen oder wenigstens zu finanzieren, sahen bessere Verwendungsmöglichkeiten für ihr Kapital.

Das änderte sich infolge des Embargo Act von 1807, der aus Furcht davor, in kriegerische Verwicklungen hineingezogen zu werden, den Handel mit kriegführenden Mächten verbot. Obwohl dieses Gesetz in der Folgezeit gelockert worden ist, stürzte Amerikas Handel in eine tiefe, langanhaltende Depression. Die Preise importierter Textilien stiegen stark an, was jetzt den notwendigen Anreiz zum schnellen Ausbau der heimischen Textilindustrie gab. Und in der Tat engagierten sich zahlreiche Kaufleute und Reeder des Nordostens der USA in dieser Industrie. Die Zahl der Spindeln in Garnfabriken verzehnfachte sich von 8000 im Jahre 1808 auf 80000 im Jahre 1811. Daß dieses neue Gewerbe sich im relativ stark kommerzialisierten Neuengland etablierte, macht wiederum deutlich, wie wichtig der vorindustrielle Umgang mit gewerblichen Waren, und sei es die Vermarktung von Importen, für den Aufbau der Industrie war.

Das Kriegsende 1815 brachte dann das Wiederauftauchen der britischen Konkurrenz, unter deren Ansturm viele der neuen Fabriken schließen mußten. 1816 wurden relativ hohe Zölle auf Textilien eingeführt, die zur Entspannung der Lage beitrugen. Ermöglichten sie doch die Sammlung von Erfahrungen bzw. »learning-by-doing-Effekte«, die in der ersten Hälfte des 19. Jahrhunderts einen wichtigen Beitrag zur Erhöhung der Arbeitsproduktivität leisteten und so die Konkurrenzfähigkeit der amerikanischen Textilindustrie steigerten. In diesem Fall erwies sich demnach tatsächlich die Hypothese vom Erziehungsschutzzoll als gültig, die in Deutschland ja insbesondere von dem frühen »Entwicklungstheoretiker« Friedrich List vertreten worden ist. Jedoch verhielt man sich in den USA dann nicht weiter entsprechend der Theorie. Man baute die Zölle nämlich mit wachsender Konkurrenzfähigkeit der Industrie nicht ab. Ja, es könnte fast so scheinen, als hätten die ursprünglich positiven Erfahrungen mit Schutzzöllen den Protektionismus in den USA lange Zeit zu einer bevorzugten Strategie gemacht.

Es waren aber nicht allein die Zölle, die den letztendlichen Erfolg der amerikanischen Textilindustrie herbeiführten. Wie in Kontinentaleuropa läßt sich vielmehr auch in den USA anfänglich eine charakteristische Spezialisierung feststellen, nämlich auf grobes Baumwolltuch. Erstens fielen bei diesem Artikel die Transportkosten relativ stärker ins Gewicht als bei feineren, teureren Waren, weshalb die einheimischen Anbieter einen Vorteil bei dessen Angebot hatten. Zweitens herrschte nach groben Stoffen eine besonders hohe Nachfrage der heimischen bäuerlichen Bevölkerung, die vor allem strapazierfähiges Material brauchte. Drittens wurde die Weberei grober Tuche am schnellsten mechanisiert. Seit 1813 setzte sich der mechanische Webstuhl in den USA für die Herstellung solcher Tuche rasch durch, und dies führte zur Einrichtung großer Textilfabriken, die Spinnerei und Weberei integrierten und auf diese Weise zur Kostensenkung beitrugen. Insgesamt etablierte sich die Maschinenweberei in den USA am schnellsten, schneller noch als in Großbritannien, vom europäischen Kontinent ganz zu schweigen, der sich ja vielfach gerade bei den feinsten Tuchen, die lange Zeit in Handarbeit hergestellt wurden, am erfolgreichsten behaupten konnte. Angesichts der unterschiedlichen Konstellation der Produktionsfaktoren in den beteiligten Volkswirtschaften ist das jedoch nicht verwunderlich. Der Mangel an Arbeitskraft in den USA war eine äußerst wirksame Barriere gegen den Ausbau einer kommerziellen Handweberei etwa im Stil des europäischen Verlagswesens. Dieses konnte sich in Europa im Gegenteil nur deshalb durchsetzen, weil es dort einen Überschuß an sonst unterbeschäftigter Arbeitskraft gab – also eine ganz andere Ressourcensituation. Der relative Überschuß an Land und die relative Knappheit an Arbeitskraft in den USA prämiierten von Anfang an produktivitätssteigernde Technologien im Gewerbe viel stärker als in Europa. Deshalb war es in den USA unmöglich, daß, wie in Großbritannien, die Landwirtschaft zeitweise insgesamt eine höhere Produktivität aufwies als das Gewerbe. In den USA war es vielmehr umgekehrt, so daß allein die Verringerung des Anteils der Landwirtschaft an der Beschäftigung von 83 Prozent im Jahre 1800 auf 63 Prozent im Jahre

1840 zu einem Wachstum des Pro-Kopf-Produkts von 16 Prozent führte.

Die Baumwolltuchproduktion wuchs zwischen 1815 und 1833 mit der phänomenalen Rate von mehr als 15 Prozent im Jahresdurchschnitt und danach bis zum Ausbruch des Bürgerkriegs immer noch mit einer solchen von fünf Prozent. 1860 erzeugte sie sieben Prozent des gewerblichen Einkommens und immerhin zwei Prozent der gesamten Güterproduktion der amerikanischen Volkswirtschaft. Schon damals waren die USA die zweite Industrienation der Welt hinter Großbritannien, und die Baumwollbranche war in den USA die größte Industrie noch vor der Holzwirtschaft.

Das enorme Wachstum der Textilindustrie gab, wie in anderen Ländern auch, Anlaß zur Ausdifferenzierung und zum Wachstum einer Textilmaschinenindustrie, die ihrerseits ein wichtiges Übungsfeld für spätere Dampfmaschinen- und Lokomotivbauer war. Die Amerikaner haben durch eigene Erfindungen in diesem Sektor den Grundstein für die Mechanisierung in weiteren Gewerben gelegt und damit auch die Erhöhung der Arbeitsproduktivität und die Anpassung an die amerikanische Ressourcenkonstellation angeregt. Ganz offensichtlich war das bei der Konstruktion der Nähmaschine, die in den 1850er Jahren in den USA gelang und den Namen der amerikanischen Firma »Singer« zum weltweiten Synonym für Nähmaschinen machte. Dadurch wurde die Arbeitsproduktivität in der traditionell auf purer Handarbeit basierenden Bekleidungsindustrie erstmals massiv gesteigert. Auch das Fließband wurde im frühen 19. Jahrhundert zuerst in amerikanischen Getreidemühlen angewandt, später dann in Großschlachtereien zum geordneten Zerteilen der Tiere in kontinuierlicher Folge. Eine weitere entscheidende Innovation in den USA, die die Briten, durch die Weltausstellung 1851 auf sie aufmerksam geworden, intensiv studierten, war die Produktion standardisierter, austauschbarer Komponenten industrieller Produkte, die einen viel rascheren Zusammenbau der fertigen Artikel ermöglichte und das zeitaufwendige, nur von hochqualifizierten Arbeitskräften durchzuführende Anpassen weitgehend überflüssig machte. Zuerst wurden Pistolen auf diese Weise produziert, sehr bald auch Uhren, Nähmaschinen usw. Zudem entwickelte sich die Werkzeugmaschinenindustrie in den USA generell entlang einer anderen Maxime als in Europa: Während hier vorwiegend Vielzweckmaschinen gebaut wurden, die in verschiedenen Verwendungen gebraucht werden konnten, wurden in den USA verstärkt hochproduktive, aber auch hochspezialisierte Maschinentypen für spezifische Großserienproduktionen hergestellt.

Man muß demnach festhalten: Nach anfänglicher Imitation britischer Technologien nahm die amerikanische technische Entwicklung eine eigene Richtung, die sie zur produktivsten der Welt machte und so den amerikanischen Faktorproportionen angepaßt war. Dieses Beispiel zeigt wiederum, wie ein Element, das als ein Nachteil erscheint – die hohen Kosten der Arbeitskraft –, längerfristig zum Positiven hin wirken kann. Wurden die USA doch, weil so produktiv, zur reichsten Volkswirtschaft der Welt mit lange Zeit dem höchsten Pro-Kopf-Einkommen. Zu Beginn des 20. Jahrhunderts erreichten sie also ihre Position vom Ende des 18. Jahrhunderts wieder und bauten sie sogar noch aus, obwohl mit dem schließlichen Rückgang des Anteils der Landwirtschaft an Wertschöpfung und Beschäftigung ihr Bodenreichtum immer weniger entscheidend wurde. Als er aber noch entscheidend war, hatte er eine Entwicklung hin zu hochproduktiven Methoden angestoßen. Und diese Entwicklung wirkte weiter.

Amerikas Technologie begünstigte die standardisierte Massenproduktion. Um diese absetzen zu können, waren jedoch große Märkte erforderlich. Mithin war es notwendig, daß die Massenkaufkraft entsprechend anstieg. Und das war in der Tat der Fall, wobei folgende Entwicklungen ineinandergriffen:

A. Die Gesamtbevölkerung wuchs weiter rapide an, wie erwähnt, von vier Millionen im Jahre 1790 auf 91 Millionen im Jahre 1910. Dazu trugen eine hohe Geburtenrate bei, aber auch die Immigration, die besonders seit der irischen Hungerkrise der 1840er Jahre einen enormen Aufschwung nahm und im letzten Drittel des 19. Jahrhunderts nur selten unter einer halben Million Menschen im Jahr lag.

B. Die Kaufkraft pro Einwohner war groß, weil das Durchschnittseinkommen schon am Ende des 18. Jahrhunderts sehr hoch lag, weiter anstieg, und die Einkommensverteilung nicht zu unausgeglichen war. Hier wirkte sich zunächst die Verfügbarkeit von Land und die Weltmarktorientierung der Landwirtschaft aus, später die hochproduktive Technologie im Gewerbe. Auch die landwirtschaftliche Produktivität nahm noch zu.

C. Schließlich war das Sinken der Frachtraten durch die Verbesserung des Transportsystems verantwortlich für zunehmende Marktintegration, die Überwindung der Zersplitterung, die die Haushaltseigenproduktion so gefördert hatte, und die Erweiterung des Absatzes der Fabrikindustrie. Für den Transport der Agrargüter des mittleren Westens war das Flußsystem des Mississippi von überragender Bedeutung. Deshalb war es ein großer Fortschritt, daß mit dem Kauf von Louisiana durch die USA die Mündungsstadt des Mississippi, New Orleans, in amerikanische Hände gelangte. Eine gewaltige Verbesserung der Schiffahrt auf diesem Fluß, insbesondere stromaufwärts, brachte dann die Einführung des Dampfschiffes etwa um 1815. Infolgedessen wuchs die Produktivität der Schiffahrt auf dem Mississippi und seinen Zuflüssen bis zur Jahrhundertmitte mit einer jährlichen Durchschnittsrate von sechs bis sieben Prozent. Dies machten unter anderem konstante Verbesserungen der Dampfschifftechnologie möglich.

Ähnlich wie in Großbritannien herrschte auch in den USA vor Beginn des Eisenbahnzeitalters eine beträchtliche Kanalbauaktivität, die das Wegenetz für preiswerten Transport zu Wasser erweiterte. Der erfolgreichste Kanal war der 1825 eröffnete Erie-Kanal, der die Großen Seen mit dem Hudson und damit der Ostküste verband. Auf diese Weise existierte bereits um 1830, als die ersten Eisenbahnstrecken gebaut wurden, ein gutes Transportsystem bestehend aus Wasserwegen und einigen befestigten Überlandstraßen. Durch die Eisenbahnen, besonders durch die großen nach der Jahrhundertmitte fertiggestellten Ost-West-Verbindungen, wurde dieses System dann noch besser ausgebaut und vor allem flexibler. Der amerikanische Markt wurde endgültig ein einziger.

D. Gefördert wurde die Entstehung von Massenmärkten durch die Akzeptanz, die standardisierte Produkte früh beim amerikanischen Verbraucher fanden. Zeitgenossen stimmten in dieser Beobachtung überein und wiesen auf die ganz andere Einstellung der Konsumenten in England und

Frankreich hin, die viel stärker auf einer individuellen Note bestanden.

E. Dazu paßt, daß in der zweiten Jahrhunderthälfte sich der Handel durch das Auftreten neuer Einzelhandelsformen wohl noch rascher veränderte als in Europa. Warenhäuser, Filialketten und Versandhäuser wurden gegründet und setzten sich durch, ebenso Werbung im großen Stil.

Zusammenfassend seien nochmals die Besonderheiten des amerikanischen Entwicklungsweges im Vergleich zum europäischen hervorgehoben:

– Während in Kerneuropa Land generell knapp, Kapital und vor allem Arbeitskraft aber reichlich vorhanden waren, war es in Amerika umgekehrt: Land gab es im Überfluß, vor allem Arbeitskraft aber war sehr knapp.

– Diese ganz anderen Faktorproportionen führten dazu, daß das Pro-Kopf-Einkommen der amerikanischen Siedler in der vorindustriellen Periode nicht nur gleichmäßiger verteilt, sondern auch höher war als in Kerneuropa, ganz zu schweigen von vielen heutigen Entwicklungsländern – und das, obwohl die Konzentration der Beschäftigten in der Landwirtschaft in Amerika größer war als in Kerneuropa mit seiner relativ hohen Gewerbedichte.

– Zudem bedeutete die Knappheit an Arbeitskraft eine Prämie für hochproduktive Technologien. Das könnte die charakteristische Entwicklungsrichtung der amerikanischen Technik erklären mit Fließband, austauschbaren Komponenten und Spezialwerkzeugmaschinen. Die Knappheit der Arbeitskraft begünstigte aber auch die Etablierung der Sklaverei im Süden, die dazu beitrug, daß dieser Teil der USA einen peripherie-ähnlichen Status erhielt.

– Die hochproduktiven Technologien ihrerseits machten Massenmärkte zum Absatz standardisierter Produkte erforderlich. Bei ihrer Entstehung spielten Verbesserungen des Transportsystems und der Einzelhandelsorganisation eine wichtige Rolle.

Der amerikanische Entwicklungsweg war annähernd typisch für die weißen europäischen Siedlerkolonien. Sein Erfolg war abhängig vom Vorhandensein von Land im Überfluß und von den engen mentalen und handelsmäßigen Bindungen an Europa. Daher scheint dieser Weg für heutige Entwicklungsländer im allgemeinen nicht gangbar zu sein.

V. Die Industrielle Revolution Japans

In Japan kann man den Beginn durchgreifender Modernisierung von Gesellschaft und Wirtschaft ziemlich eindeutig datieren: In den Jahren 1853 und 1854 erzwang der amerikanische Kommodore Matthew Perry im Auftrag des Präsidenten der USA von Japan den Abschluß eines Vertrages, der den Amerikanern zwei japanische Häfen öffnete. Insofern markiert dieses Datum das Ende der jahrhundertelangen Politik der Abschließung Japans von der Außenwelt, die das Ziel hatte, Japans Regierungssystem und Herrschaftseliten nicht von außen zu destabilisieren. Nun, nach der erzwungenen Öffnung, mußte Japan in kurzer Folge auch Handelsverträge mit europäischen Mächten abschließen. Diese Verträge sahen generell exterritorialen Status für die Ausländer vor, was unter anderem bedeutete, daß diese nicht nach japanischem Recht belangt werden konnten. Außerdem beschränkten sie die Zollhoheit der Japaner, stipulierten für Ausländer das Wohnrecht in Japan und sicherten ihnen das Privileg unkontrollierten Handels. Die Souveränität Japans wurde demnach in vielfacher Weise verletzt, ohne daß Japan Ähnliches in den Territorien der Vertragspartner zugestanden wurde. Zu Recht sind diese Abkommen also unter dem Namen »ungleiche Verträge« bekannt geworden. Als solche stellten sie einen permanenten Stachel für das Selbstwertgefühl der japanischen Führungsschicht dar. Auch kam es des öfteren zu gewalttätigen Ausbrüchen des Fremdenhasses in Japan. Die Überwindung der »ungleichen Verträge« wurde zu einem nationalen Ziel, man erkannte aber, daß das nur möglich sein würde, wenn man dem Westen ebenbürtig wäre. Das jedoch hieß, man mußte von ihm lernen und dessen Entwicklung auf wirtschaftlichem und militärischem Gebiet möglichst rasch nachvollziehen. Damit wurde die umfassende Entwicklung des Landes zu einem vorrangigen Ziel der japanischen Führungsschicht, gerade weil diese von dem Gedanken der Auserwähltheit des japanischen Volkes und der besonderen Bedeutung der japanischen Kultur durchdrungen war.

Die Öffnung des Landes beschleunigte den Zerfall der traditionellen gesellschaftlichen und politischen Ordnung

Japans stark. Importe westlicher Gewerbewaren, vor allem von Textilien, und die Exportnachfrage nach Seide, Tee, Reis und anderen Landesprodukten brachten die Preisstruktur durcheinander. Die Finanzkrise des Staates verschärfte sich, der Banknotenumlauf wurde erhöht, es kam zur Inflation. Soziales Prestige und ökonomische Lage vieler paßten immer weniger zusammen: Total verarmte Samurai standen neben reichgewordenen Bauern und wohlhabenden Kaufleuten, ja sie wurden deren Schuldner, verkauften gar ihren Samurai-Status. Ähnliches geschah auf der höchsten gesellschaftlichen Ebene: Zahlungsunfähige Fürsten wandten sich anleihesuchend an private Finanziers und verpfändeten ihre Einnahmen aus der Reissteuer an sie, mußten dann aber erkennen, daß sie immer tiefer in Schulden und finanzielle Abhängigkeit gerieten. Die feudale Gesellschaftsstruktur brach durch diese Entwicklungen rasch zusammen, und bereits im Jahre 1868, das ist das zweite entscheidende Datum, hatte eine von Samurai oppositioneller westlicher Landesteile angeführte Revolution Erfolg, die zur Meiji-Restauration, das heißt zur Wiedereinsetzung des Kaisers in seine Machtbefugnisse, führte. »Meiji« war der vom Kaiser gewählte Herrschername.

Die Tatsache, daß eine Revolution im Gewande einer Restauration auftrat, zeigt schon ein wichtiges Charakteristikum der Entwicklung in der ersten sich industrialisierenden außereuropäischen Kultur und Gesellschaft auf. Der Entwicklungs- und Modernisierungsprozeß fand nicht vor dem Hintergrund totalen Niedergangs der eigenen Kultur statt. Vielmehr wurden aus ihr Leitvorstellungen und Verhaltensweisen gewonnen, und diese spielten im Bewußtsein der Menschen eine wichtige Rolle. Ermöglichten sie doch die Bewahrung der eigenen Identität und des Selbstwertgefühls als Nation, was die Eliten dazu bestimmte, über die Interessen ihrer Schicht hinaus diejenigen von Japan als Ganzem bei ihren Handlungen zu berücksichtigen. Diese Loyalität der Oberschicht gegenüber den gesamtstaatlichen Zielen stellt einen Grundzug der japanischen Entwicklung dar im Unterschied zum Verhalten von selbstsüchtigen Oligarchien in manchem Entwicklungsland, und sie trug, trotz mancher Irrwege, wohl entscheidend zu dem durchschlagenden Industrialisierungserfolg Japans bei.

Um zu verstehen, was genau bei der Meiji-Restauration geschah, müssen wir kurz die gesellschaftliche und politische Struktur der vorherigen Periode betrachten. Es gab auch damals einen Kaiser, der als von göttlicher Qualität angesehen, de jure Staatsoberhaupt war. Faktisch aber lebte er isoliert in Kyoto und war aller Macht beraubt. Statt seiner übte der Shogun mit Sitz in Edo (Tokio) die Macht aus, formell in kaiserlichem Auftrag, praktisch jedoch eigenständig. Allerdings wurde im Laufe der Zeit seine Regierung hoher Beamter, das Bakufu, der eigentliche Träger der Macht im Lande. Das Shogunat war im Fürstengeschlecht Tokugawa seit 1600, als durch den ersten Shogun aus dieser Familie jahrzehntelange Bürgerkriegswirren beendet worden waren, erblich, weshalb diese Zeit auch Tokugawa-Periode heißt. Aber die Regierung des Shoguns und des Bakufu war nie unumschränkt. Es herrschte vielmehr ein dem europäischen Feudalismus in vielem vergleichbares System im Lande. Der Shogun war gewissermaßen nur oberster Lehnsherr Japans. Nur in seinem eigenen Territorium, das etwa ein Viertel des Landes umfaßte, übte er sämtliche Regierungsgewalt aus. In den übrigen Gebieten Japans dagegen fiel diese Rolle fürstlichen Vasallen, den sogenannten Daimyo, zu. Um die Kontrolle über sie nicht zu verlieren, mußten diese jedes zweite Jahr am Hofe des Shogun in Edo verbringen. Wie im Europa des Mittelalters bestand also auch in Japan ein auf personalen Bindungen beruhendes Staatswesen. Das zeigte sich ebenfalls darin, daß Shogun und Daimyo jeweils über ihnen verpflichtete Gefolgsleute verfügten, die vor allem Heeresdienst leisteten, teilweise aber auch in der Verwaltung tätig waren. Das waren die Samurai, eine Schicht niedriger Adliger, die einen ganz eigenen Ehren- und Verhaltenskodex besaßen. Sie wurden durch jährliche, gestaffelte Reiszuteilungen entlohnt und machten um die Mitte des 19. Jahrhunderts etwa sechs Prozent der Gesamtbevölkerung aus. Da die Tokugawa-Periode durchweg friedlich war, waren die Samurai eigentlich eine weitgehend funktionslose, von ihrem Status her aber privilegierte Schicht, die der Gesamtgesellschaft beträchtliche Lasten für ihren Unterhalt aufbürdete.

Diese Lasten hatten faktisch vor allem die Bauern zu tragen, die mit 70 bis 80 Prozent bei weitem den größten Teil der Bevölkerung stellten. Sie waren restriktiven feudalen

Bindungen unterworfen wie einem Abzugsverbot, hohen Abgabeverpflichtungen, die bis zur Hälfte und mehr der Ernte beanspruchten, sowie verschiedenen Dienstpflichten. Außerdem übte die Dorfgemeinschaft, als Ganzes für die Steuerleistung verantwortlich, die Kontrolle über die Bewirtschaftung des Landes aus. Allerdings stiegen die individuellen Möglichkeiten im Laufe der Zeit: Größere Landbesitzer verpachteten zunehmend Land, die Produktivität konnte durch Bewässerung, Einsatz von Handelsdünger (Fischmehl, Ölkuchen) und Saatgutauswahl teilweise gesteigert werden, schrittweise wurde das Land in eine expandierende Marktwirtschaft einbezogen. Obwohl Reis, sowohl für den Eigenverbrauch als auch zur Bezahlung der Abgaben, das bei weitem wichtigste Anbauprodukt blieb, wurde er doch zunehmend durch für den Markt bestimmte Güter wie Seidenkokons, Baumwolle, Tee, Indigo, Hanf und ähnliches ergänzt. In der Mitte des 19. Jahrhunderts sollen diese landwirtschaftlichen Handelsgüter fast 20 Prozent der Wertschöpfung des Agrarsektors dargestellt haben. Dazu kam immer mehr nicht-landwirtschaftliche Nebentätigkeit der Bauern, teilweise in Form einer verlagsähnlichen Organisation. So wurde die Fischerei betrieben, die Herstellung von Seiden- und Baumwollwaren, von Papier, Matten und Laternen. Dabei setzte sich eine ausgeprägte regionale Spezialisierung durch. Wie in Europa war dieses vorindustrielle Gewerbe eine wichtige Grundlage für die spätere Industrialisierung. Außer dieser ländlichen Hausindustrie gab es bereits in der Tokugawa-Zeit einige Manufakturen wie Brauereien und Wachsfabriken, es gab großbetrieblich organisierten Bergbau (vor allem Kupfer und Edelmetalle; auch Kohle) und eine kleine traditionell arbeitende Eisenherstellung. In den Städten – Residenzen von Shogun und Daimyo – produzierten in Zünften zusammengeschlossene Handwerker für den Bedarf der Fürsten und ihrer Gefolge. Tokio, die größte Stadt, hatte zum Beispiel damals bereits etwa eine Million Einwohner.

Auch der Handel war hochentwickelt. Großkaufleute fungierten gewissermaßen als »Reismakler«, tauschten die an die Fürsten fließende Reisabgabe sowie das Reisstipendium der Samurai gegen Geld und schafften die von diesen dafür gekauften Waren herbei. Es existierten große Lagerhäuser, und die Kaufmannschaft war nach Waren und Funktionen spezialisiert. Beispielsweise gab es einen florierenden Einzelhandel mit warenhausartigen Filialgeschäften. Ebenfalls differenzierten sich eigenständige Finanzhäuser heraus, teilweise mit Zweigstellen in verschiedenen Teilen des Landes, die den Fürsten Kredit gewährten und das Wechselgeschäft pflegten. Das Straßensystem war relativ gut ausgebaut, schon um die regelmäßigen Tokiofahrten der Fürsten mit großem Gefolge zu ermöglichen, ebenso die Küstenschifffahrt. Der Außenhandel allerdings war im Zuge der Isolierungspolitik stark beschränkt: Lediglich Chinesen und Holländer besaßen je eine Handelsniederlassung in der Nähe von Nagasaki.

All das zusammengenommen rechtfertigt jedenfalls nicht die Vorstellung eines völlig unentwickelten, vor allem der landwirtschaftlichen Subsistenzwirtschaft zugewandten Landes zum Zeitpunkt der Öffnung Japans. Vielmehr gab es, was die gewerbliche Produktion sowie die kommerzielle und finanzielle Organisation anging, durchaus mit der vorindustriellen Periode Kerneuropas Vergleichbares. Eine Basis für die Entwicklung zum Industriestaat war also bereits vorhanden. Und, fast noch wichtiger, die Isolierung hatte einen wichtigen Beitrag dafür geleistet, daß es nicht zu einer frühen Peripherisierung und zu einem Prozeß der Unterentwicklung kam. Ein weiteres Charakteristikum Japans sollte man aber ebenfalls nicht vergessen, da es die Entwicklung, wie gezeigt, entscheidend förderte: die auf Japan als Nation ausgerichtete Zielsetzung der Eliten.

Im übrigen darf man die Folgen der zwangsweisen Öffnung für das Ende der feudalen Tokugawa-Periode nicht überbewerten. Viele der zum Niedergang des Systems beitragenden Tendenzen gab es bereits vorher, und sie wurden durch die Öffnung lediglich verschärft. Dazu gehörten die Finanzkrise der Fürsten als den Hoheitsträgern des Staates, das Auseinanderklaffen von Status und Vermögen infolge der wirtschaftlichen Entwicklung, soziale Unruhen und die Opposition einiger Gebiete, die entgegen der offiziellen Politik schon zuvor Kontakte zum Westen herstellten in der Absicht, von ihm zu lernen. Schon im 18. Jahrhundert kamen neue kulturelle Strömungen auf, die zu einer Wiederbelebung des Interesses an der einheimischen Religion des

Shintoismus (gegen den Buddhismus) und an der japanischen Geschichte führten. Dadurch wurde das Shogunat in Legitimationsschwierigkeiten gebracht, erkannte man doch, daß es Zeiten gegeben hatte, in denen der Kaiser und nicht der Shogun die tatsächliche Macht besaß. Insofern war es sehr typisch, daß mit der Revolution von 1868 scheinbar das ältere Modell wieder auflebte.

In Wirklichkeit wurden jedoch modernisierende Reformen in rascher Folge umgesetzt: Anfang der 1870er Jahre wurden im Zuge einer Verwaltungsreform die alten, weitgehend autonomen Territorien der Daimyo abgeschafft, an ihre Stelle traten 72 von Beamten geleitete, vom Innenministerium zentral koordinierte Präfekturen. Im Jahre 1872 wurde die allgemeine Wehrpflicht eingeführt, wodurch der Stand der Samurai seine eigentliche Funktion verlor, was durch die Aufhebung seiner Staatspensionen ergänzt wurde. Unterschiede vor dem Gesetz wurden beseitigt, alle Einwohner Japans erhielten gleiches Bürgerrecht. Beschränkungen der Bewegungs- und Gewerbefreiheit wurden abgeschafft, und jedermann konnte Bodeneigentum erwerben. Statt der feudalen Abgabe- und Dienstverpflichtungen der Bauern wurde eine einheitliche, in Geld zu bezahlende Grundsteuer eingeführt, die den Hauptteil zur regulären Finanzierung des staatlichen Budgets beitrug. Innerhalb weniger Jahre waren damit von einer geradezu absolutistischen Regierung, die ihrerseits aus Angehörigen der ehemals privilegierten Stände bestand, die feudalen Institutionen abgeschafft und das japanische Staatswesen von Grund auf reformiert worden. Im Jahre 1889 wurde schließlich eine Verfassung in Kraft gesetzt, teilweise modelliert nach der des Deutschen Kaiserreichs, mit einer dem Kaiser verantwortlichen Regierung und einem recht schwachen, von nur etwa einem Prozent der Bevölkerung gewählten Unterhaus. Das war allerdings, gemessen an dem Standard der Zeit, nichts gar so Ungewöhnliches, so daß Japan von seinen Institutionen her am Ende des Jahrhunderts durchaus mit den damals bereits entwickelten Nationen mithalten konnte. Insofern entsprach es der Logik der Dinge, daß die Westmächte kurz vor der Jahrhundertwende die »ungleichen Verträge« widerriefen. Japan hatte die erste Etappe seines nationalen Zieles, Kolonialisierungsversuche abzuwehren und seine volle Souveränität wiederherzustellen, indem es den Westmächten ebenbürtig würde, erreicht.

»Vom Westen lernen« bedeutete naturgemäß den forcierten Ausbau der Bildungsinstitutionen. Anfänge waren schon in der Tokugawa-Periode gemacht worden: Ein »Büro für die Übersetzung von Büchern der barbarischen Nationen« war etabliert, erste, auch private Universitäten waren gegründet worden. Diese Anstrengungen wurden nach der Restauration vermehrt fortgesetzt. Im Jahre 1872 führte man ein allgemeines Elementarschulwesen und die Schulpflicht ein, es entstanden weitere Universitäten, Landwirtschafts- und technische Schulen. Mit Macht bemühte man sich, ausländisches technisches Know-how ins Land zu holen. Man engagierte zu dem Zweck ausländische Techniker und Facharbeiter, die bei Aufbau und Betrieb moderner Fabriken, von Bergwerken und Eisenbahnen halfen, und scheute sich nicht, dafür einen Teil des Budgets des Industrieministeriums aufzuwenden. Zwischen 1868 und 1895 wurden 125000 Japaner, vor allem zum Studium, ins Ausland geschickt. Man importierte Maschinen, die dann als Modelle im Land herumgereicht wurden. Und schließlich unternahm es der Staat auch, die ersten auf dem neuesten technischen Stand befindlichen Fabriken zu gründen und aufzubauen, einerseits um sich mit Rüstungsgütern und ähnlichem zu versorgen, aber andererseits auch um sie als Modellbetriebe zu nutzen.

Der Ausbau der materiellen und immateriellen Infrastruktur war ein weiteres Anliegen der Regierung. Bald waren landesweit Telegraphenverbindungen installiert, 1872 wurde die erste Eisenbahn vollendet, die Regierung kaufte Hochseeschiffe und gab sie an Reeder weiter. Früher hatte fast jeder Daimyo sein eigenes Papiergeld ausgegeben; jetzt unternahm die Regierung große Anstrengungen, all diese verschiedenen Banknoten aus dem Verkehr zu ziehen und eine einheitliche Währung einzuführen. Im Jahre 1882 wurde die Bank von Japan eröffnet, die als Zentralbank fungierte, und bis 1885 hatte sie das Notenmonopol erreicht. Auch ein modernes Geschäftsbankensystem etablierte sich, teils indem sich alte Finanzhäuser in Banken nach westlichem Muster umwandelten, teils wurden neue Privatbanken gegründet. Der Staat engagierte sich ebenfalls in einer ganzen Reihe auf bestimmte Funktionen – Außenhandel, Hypothekenkredit, Industriefinanzierung, Postsparen – spezialisierter Banken.

Durch institutionelle Reformen, durch die Verbreiterung des Bildungssystems und den Import ausländischer Technik sowie durch den Ausbau der Infrastruktur wurde die während der vorindustriellen Periode geschaffene Basis für erfolgreiche Entwicklung – in Form traditionellen Gewerbes, relativ weit vorangeschrittener kommerzieller Strukturen und der Loyalität der Führungsschichten gegenüber den nationalen Zielen – entscheidend erweitert. Rasch integrierte sich Japan in den internationalen Handelszusammenhang und nutzte die vom Weltmarkt kommenden Impulse. Charakteristischerweise aber übte es gegenüber dem weiter oben behandelten dritten, von den Industrieländern herkommenden Impuls, den Strömen ausländischen, anlagewilligen Kapitals, weise Enthaltsamkeit. Fast bis zur Jahrhundertwende nahm Japan so gut wie keine Auslandskredite auf, abgesehen von kurzfristigen Mitteln zur Finanzierung von Außenhandelstransaktionen, die ohnehin in den ersten Jahrzehnten nach der Öffnung vorwiegend von ausländischen Häusern abgewickelt worden sind. Auf diese Weise wollte man mögliche Anlässe für politische Interventionen ausländischer Staaten vermeiden. Statt dessen wurde das für die Entwicklung notwendige Kapital im Inneren, insbesondere vom Agrarsektor über die Besteuerung, aufgebracht. Auch das dürfte, wie schon das Schicksal der europäischen Peripherie und heutiger hochverschuldeter Entwicklungsländer zeigt, die Rolle, die Auslandskapital im Entwicklungsprozeß eines Landes spielen kann, relativieren.

Welches waren aber nun die spezifischen Kennzeichen der Industrialisierung in Japan? Wie erwähnt gründete der japanische Staat verschiedene große Betriebe vor allem für Rüstungszwecke und als Modelle. Darunter waren Munitionsfabriken, Eisenhütten, Werften, Maschinenbau-Unternehmungen, aber auch Textilbetriebe, die unter anderem der Produktion von Wolltuch für Uniformen dienten. Noch in den 1880er Jahren wurde der größere Teil der japanischen Großindustrie vom Staat kontrolliert. Oft waren diese Firmen allerdings ein finanzielles Verlustgeschäft. Dann aber transferierte der Staat, nicht zuletzt aus Gründen der Sanierung des Budgets, diese Betriebe in Privathand. Im wesentlichen wurden sie von einigen potenten Häusern übernommen, die auch Staatsanleihen zeichneten und häufig als Agenten der staatlichen Politik fungierten: den Zaibatsu, unter ihnen als die bedeutendsten Mitsui und Mitsubishi. Nicht zuletzt durch diese Übernahmen von Staatsfirmen wurden die Zaibatsu zu diversifizierten Großkonzernen, und ihre Macht wurde durch die engen Beziehungen zum Staat noch gesteigert. Obwohl nach dem Zweiten Weltkrieg von der amerikanischen Besatzungsmacht als eine Gefahr für den Frieden angesehen und entflochten, bildeten sie sich nach Beendigung der Besetzung neu und stellen heute neben dem MITI (Ministry of International Trade and Industry) *das* ins Auge springende Kennzeichen der japanischen Wirtschaft und in mancher Beziehung auch ihr Zugpferd dar.

Das war in der Meiji-Periode noch anders. Das nicht unbeträchtliche Wachstum dieser Zeit, das trotz relativ rasch zunehmender Bevölkerung eine erkleckliche Steigerung des durchschnittlichen Pro-Kopf-Produkts ermöglichte, wurde einerseits von der Landwirtschaft, andererseits zu einem wesentlichen Teil von der Kleinindustrie getragen. Die Agrarproduktion stieg enorm an, beispielsweise bei Reis um fast zwei Drittel zwischen 1880 und 1910. Die mit Reis bebaute Fläche nahm zwar ebenfalls zu, aber nur um 13 Prozent. Der überwiegende Teil der Produktionssteigerung geht also auf die Erhöhung der Produktivität des Bodens zurück, die durch bessere Bewässerungsmethoden und vermehrten Einsatz von Pestiziden und Dünger erreicht wurde. Durch die Befreiung der Bauern aus feudalen Bindungen und die Sicherung von ausschließlichen Eigentumsrechten am Land dürfte im übrigen auch die Tendenz zur Selektion der besten Kultivatoren verstärkt worden sein, die sich womöglich in der großen Ausdehnung des Anteils verpachteten Landes annähernd widerspiegelt. Schließlich bemühte sich die Regierung um eine Hebung des landwirtschaftlichen Know-how durch den Aufbau landwirtschaftlicher Schulen und die Entsendung landwirtschaftlicher Instruktoren zu den Bauern. Auf diese Weise gelang es, den Nahrungsmittelbedarf des Landes im wesentlichen aus heimischer Produktion zu sichern, was es möglich machte, mit den im Export verdienten Devisen die Industrialisierung im engeren Sinne zu fördern.

Die Landwirtschaft trug jedoch auch entscheidend direkt

zum Export bei und zwar nicht nur durch die Ausfuhr von Reis und Tee, also von rein landwirtschaftlichen Gütern. Vielmehr stellte bis in die zwanziger Jahre unseres Jahrhunderts Rohseide ein äußerst wichtiges Ausfuhrgut Japans dar. Dafür war jedoch eine gewaltige Ausdehnung der Kokonproduktion notwendig, was ebenfalls von der Landwirtschaft geleistet wurde. Produktion und Export von Rohseide nahmen vom Anfang der 1880er Jahre bis 1910 jeweils auf das Siebenfache zu, wobei die Ausfuhr sich durchweg auf drei Viertel der gesamten Erzeugung belief. Auch bei der Kokonproduktion stieg die Produktivität, einmal durch eine bessere Zuchtauswahl der Seidenraupen, dann aber ebenfalls durch die zunehmende Verbreitung einer zweiten Ernte im Jahr. Jedoch sorgte die Landwirtschaft nicht nur für die Verfügbarkeit des Rohstoffs, sondern die Bauern waren in hervorragendem Maße auch an seiner Weiterverarbeitung beteiligt. Ein großer Teil der Seide wurde nämlich von ihnen in Heimarbeit gehaspelt. Die so produzierte Seide eignete sich aufgrund ihrer uneinheitlichen Qualität zwar nicht zum maschinellen Weben und damit nicht für den Export, aber sie stellte den Grundstoff für die heimische Seiden-Handweberei dar, die die Stoffe für die einheimische Bekleidungsindustrie produzierte. Für den Seidenexport dagegen entstanden, wiederum gefördert durch die Regierung, bereits in den 1870er Jahren überall in den Kokon-Produktionsgebieten spezialisierte Haspelbetriebe mit verbesserten Maschinen, teils mit Handbedienung, teils mit Wasserkraftantrieb. Generell waren diese Seidenspinnereien Kleinbetriebe, ihr Anlagekapital war gering und wurde lokal aufgebracht. Und ihre Arbeitskraft war sehr billig, wurden doch vorwiegend ansonsten unterbeschäftigte weibliche Arbeitskräfte aus Bauernfamilien angeworben.

Auf diese Weise kamen also sowohl der Rohstoff als auch die Arbeitskraft für das lange Zeit wichtigste Exportgut Japans, Rohseide, aus der Landwirtschaft und dem Kleingewerbe. Beide waren darüber hinaus jedoch noch in der Herstellung vieler anderer Konsumgüter engagiert: Kleidung, Holzschuhe, Geschirr, Matten, Laternen, Japan-Papier – all die traditionellen Bedarfsgüter der japanischen Bevölkerung wurden entweder von Bauern in Heimarbeit oder von Kleinbetrieben hergestellt. Im Zuge des Bevölkerungswachstums und der Zunahme des Pro-Kopf-Einkommens breiter Schichten der Bevölkerung stiegen Nachfrage und Produktion solcher Güter beträchtlich, ebenso wie die Zahl der dabei Beschäftigung findenden Menschen. Außerdem setzten sich Klein- und Mittelbetriebe auch bei der Produktion einer Reihe aus dem Westen kommender neuer Waren durch, wie bei Seife, Bürsten, Schirmen, Spielzeug usw. Ein recht wichtiges Exportprodukt wurden Streichhölzer, deren Herstellung noch sehr arbeitsintensiv war, weshalb der japanische Vorteil der billigen Arbeitskraft dabei voll zum Tragen kam. Und schließlich kann man im sich entwickelnden Maschinenbau neben dem Aufkommen großbetrieblicher Produktion, oft der Zaibatsu, die Gründung vieler, auf einzelne Teile spezialisierter Kleinbetriebe als Zulieferer für die Großen beobachten. Es entstanden ganze Zuliefererpyramiden, bis heute ein Kennzeichen der japanischen Industrie, wobei die Arbeitsbedingungen in den Kleinbetrieben sehr verschieden von denen in den Großfirmen waren. Dieser Dualismus, der einen Faktor für relativ niedrige japanische Kosten darstellt, ist demnach eine unmittelbare Folge der entscheidenden Rolle, die Kleinbetriebe bei der Industrialisierung Japans spielten. Durch sie wurde der reichlich vorhandene Produktionsfaktor Arbeitskraft in einem Züge extensiven und intensiven Wachstums kombinierenden Prozeß genutzt, um mit wenig Kapital und unter Einsatz vorwiegend heimischer Rohstoffe einen erheblichen Teil des steigenden japanischen Bedarfs an gewerblichen Waren zu dekken und darüber hinaus einen Großteil der japanischen Exporte bereitzustellen. Ein weiterer Vorteil war, daß die von dieser Art der Produktion ausgehenden Multiplikatoreffekte im Land blieben und die Dynamik der Gesamtwirtschaft anregten, denn die Einkommen flossen kleinen Unternehmern, ländlichen Arbeitskräften und Rohstoffproduzenten zu, die in ihrem Ausgabeverhalten im wesentlichen japanischen Traditionen treu blieben und japanische Produkte kauften.

Eine weitere alte, vielfach in Heimarbeit betriebene Industrie in Japan war die Baumwollindustrie. Nach der Öffnung Japans erfuhr jedoch die heimische Garnproduktion einen raschen Niedergang. Wie schon in Kerneuropa gegenüber Großbritannien konnte sich auch in Japan das handgesponnene Garn nicht gegen Maschinengarn halten – der Produktivitätsunterschied war einfach zu groß. So wurde Japan eine Zeitlang von ausländischen Garnimporten überschwemmt, und Baumwollprodukte waren für einige Jahre die bedeutendste Einfuhrkategorie. Die Handspinner wandten sich vielfach der Handweberei zu, wo sie sich länger gegen die ausländische Konkurrenz behaupten konnten, vor allem bei der Herstellung schmaler, für die Kimono-Fabrikation bestimmter Stoffe. Hier hatte die japanische Handweberei noch eine unbestrittene Nische. Was die Baumwollspinnerei betrifft, so griff wieder die Regierung ein. In den 1870er Jahren baute sie zwei mit modernsten westlichen Maschinen bestückte Modellfabriken auf, sie importierte weitere Maschinen und verkaufte sie günstig an Privatunternehmen. Dennoch dauerte es bis zum Ende der 1880er Jahre, bis ein Aufschwung in der Maschinenspinnerei von Baumwolle in Japan einsetzte. Inzwischen hatten die Japaner Erfahrungen mit der neuen Spinntechnologie gemacht, so daß sie nun für grobe Garnsorten auf dem Weltmarkt konkurrenzfähig waren. Indische Baumwolle, für die maschinelle Verarbeitung besser geeignet, ersetzte zunehmend die heimische. Vor allem aber kam das billige Angebot weiblicher Arbeitskräfte den japanischen Spinnereien zugute, die sich in traditioneller patriarchalischer Manier um sie kümmerten, unter anderem indem sie Wohnheime für sie bauten. Die moderne Baumwollspinnerei in Japan wurde, wohl technologiebedingt, im Unterschied zu vielen anderen Industriebranchen von vornherein großbetrieblich organisiert. Im Laufe der Zeit gliederten sich viele Unternehmen zudem maschinelle Webereien an, die vor allem für den Export arbeiteten. Zunehmend wichtig wurde auch der japanische Garnexport, vor allem in die asiatischen Nachbarländer. Vor dem Ersten Weltkrieg stellten Rohseide, Baumwollgarn, Seiden- und Baumwollstoffe mehr als die Hälfte der japanischen Exporte, und diese Spezialisierung auf Textilien vergrößerte sich noch bis 1929.

Wie bereits erwähnt, waren nach der Öffnung Japans Textilien eine Weile lang das wichtigste Importgut. Das änderte sich jedoch bald. Seit den 1890er Jahren nahm einerseits die Einfuhr von Rohstoffen, vor allem von Baumwolle, stark zu, andererseits diejenige von Eisen und Stahl, Maschinen und Fahrzeugen. Damit spielten die Importe eine wichtige materielle Rolle bei der Industrialisierung Japans, was möglich wurde, weil Japan sich weitgehend mit Nahrungsmitteln selbst versorgen konnte und weil vor allem das Kleingewerbe einen überragenden Beitrag zum Export leistete.

Der nächste tiefgreifende Strukturwandel der japanischen Wirtschaft ergab sich dann in den 1930er Jahren. Damals sank nicht nur der Anteil der in der Landwirtschaft Beschäftigten unter 50 Prozent, ging der Export von Rohseide krisenbedingt scharf zurück und damit auch die Produktion, sondern das Gewicht der Textilindustrie insgesamt verringerte sich. Statt dessen erlebten Stahl- und Chemieindustrie, Schiff- und Maschinenbau einen großen Aufschwung. Waren in letzteren Industriezweigen noch im Jahre 1929 nur knapp ein Viertel aller Fabrikbeschäftigten tätig, in der Textilindustrie hingegen 55 Prozent, so lauteten die entsprechenden Zahlen für das Jahr 1937 43 bzw. 37 Prozent. Dieser Strukturwandel schlug sich in begrenztem Ausmaß auch in den Exporten Japans nieder. Der Prozentsatz von Fertigwaren an der Ausfuhr stieg zwischen 1929 und 1936 von 44 auf 59 Prozent, der von Metallen und Maschinen allein von vier auf 14 Prozent. Zeitgenössische Beobachter stimmten darin überein, daß die Japaner in den dreißiger Jahren fähig geworden waren, ausländische Techniken voll zu imitieren und sie ebenso produktiv einzusetzen wie der Westen. Als Erklärung für den Strukturwandel kommen zwei weitere Aspekte hinzu: die erfolgreiche Politik der Bekämpfung der Auswirkungen der Weltwirtschaftskrise – vor allem die frühzeitige Abwertung – und die Aufrüstung in jener Zeit, die die Beschleunigung des schwerindustriellen Ausbaus zur Bedingung hatte.

Zusammenfassend kann man die japanische Entwicklung wohl eher mit der englischen als der deutschen vergleichen. Wie in Großbritannien spielte auch in Japan die Textilindustrie eine entscheidende Rolle und weniger die Schwerindustrie wie in Deutschland. Wie in Großbritannien scheint das Geheimnis der Industrialisierung zunächst im vorwiegend extensiven Wachstum und der dadurch ermöglichten Nutzung unterbeschäftigter Arbeitskraft für gewerbliche Produktion gelegen zu haben. Die kleinbetriebliche Struktur großer Teile der Industrie war dafür in Japan charakteristisch. Wie Deutschland und andere in ihrer Entwicklung

Großbritannien nachfolgende Länder verlegte sich Japan lange Zeit allerdings auf den Import ausländischer Technologie, wobei dieselben Instrumente angewandt worden sind wie in Kerneuropa. Der Staat spielte in Japan als Modernisierungsagentur eine größere Rolle als in Kerneuropa. Viele gerade der ersten Großbetriebe wurden von ihm aufgebaut, was eine teilweise dualistische Wirtschaftsstruktur – ein Kennzeichen vieler Entwicklungsländer – in Japan mitbedingte. Längerfristig erwuchs daraus jedoch keine Entwicklungsblockade, weil erstens die Staatsbetriebe in private Hand überführt wurden und zweitens weitreichende Zulieferbeziehungen entstanden, die Groß- und Kleinbetriebe auf vielfältige Weise verknüpften und in ihrem Wachstum gegenseitig unterstützten.

VI. Gibt es einen sozialistischen Weg zu Wachstum und Entwicklung?

1. Die Entwicklung in Rußland bis 1927/28

Vor dem Ersten Weltkrieg war die gewerbliche Produktion Rußlands 50 Jahre lang mit einer Durchschnittsrate von fünf Prozent pro Jahr gestiegen, in den 1890er Jahren ergab sich gar eine Beschleunigung auf 7,5 Prozent. Gegen Ende des 19. Jahrhunderts verschob sich auch das Schwergewicht des Industriesektors mehr und mehr in Richtung der Schwerindustrie wie Kohlebergbau, Erdölgewinnung, Eisen- und Stahlherstellung. Ein großer Teil des zum Auf- und Ausbau dieser Branchen notwendigen Kapitals wurde im Ausland aufgenommen. Der russische Staat förderte die Erweiterung der industriellen Basis aktiv durch den Übergang zu Schutzzöllen im Jahre 1877 und deren Erhöhung im Jahre 1891, durch den Bau von Eisenbahnlinien, unter anderem die Transsibirische Bahn in den 1890er Jahren, durch staatliche Rüstungsnachfrage und durch die Einbindung des Rubels in den Goldstandard 1897, wodurch der Zustrom ausländischen Kapitals vergrößert wurde. Zu Beginn des Krieges 1914 verfügte Rußland also bereits über einen modernen industriellen Sektor, nach der absoluten Höhe seiner Industrieproduktion war es das fünftgrößte Industrieland der Welt. Rußland besaß damals ein weitverzweigtes Eisenbahnnetz und ein gewisses hochqualifiziertes Potential an Wissenschaftlern und Technikern.

Dennoch war das Land von durchgreifender wirtschaftlicher Entwicklung noch weit entfernt. Achtzig Prozent der rasch wachsenden Bevölkerung waren noch in der Landwirtschaft tätig, meist sehr arm, und sie fielen als Bestandteil eines inneren Marktes fast völlig aus. Landwirtschaftlich nutzbarer Boden wurde immer knapper, was zu hohen Pachtpreisen führte. Bis zu den Stolypin'schen Reformen nach der Jahrhundertwende (1906–1911) übte zudem, wie bereits erwähnt, die Dorfgemeinschaft, das Mir, eine strikte Kontrolle über die Verteilung des Landes auf die einzelnen Bauernfamilien sowie dessen Kultivierung aus. Die Agrarproduktion insgesamt stieg im Durchschnitt seit 1860 um zwei Prozent pro Jahr, das heißt jedoch, nur um einen halben Prozentpunkt schneller als die Bevölkerung. Die Wachstumsrate des Sozialprodukts pro Kopf lag bei einem Prozent jährlich, was bedeutete, daß sich die Schere zwischen Rußland und den bereits industrialisierten Staaten weiter öffnete.

Der Krieg brachte dann das wirtschaftliche Chaos ins Land: Inflation, Arbeitslosigkeit, Nahrungsmittelknappheit führten zu Aufständen, und im März 1917 wurde die Herrschaft des Zaren gestürzt. An seine Stelle trat die Provisorische Regierung, die ihrerseits durch die Bolschewistische Revolution im November 1917 beseitigt worden ist (Oktoberrevolution nach russischem Kalender). Ein Rat der Volkskommissare usurpierte die Macht. Weitreichende Eingriffe in die Wirtschaft wurden unternommen: Die Staatsschuld wurde annulliert, die Banken und wesentliche Industriebetriebe wurden verstaatlicht, ein Außenhandelsmonopol sowie ein staatliches Handelssystem für Lebensmittel und Konsumgüter eingeführt. Einerseits bildeten sich in vielen Industriebetrieben Arbeiterräte, andererseits wurde ein »Oberster Rat für die nationale Wirtschaft« (Vesenkha) geschaffen, der die einzelnen Industriebranchen zentral leiten sollte. Diese beiden Prinzipien, Arbeiterselbstverwaltung (unter Umständen mit Hilfe unabhängiger Gewerkschaften) und zentralisierte Leitung von oben, widerstritten recht lange, bis unter Stalin eindeutig zugunsten von letzterer entschieden wurde. Ein Dekret vom 8. November 1917 legalisierte die spontanen Agrarrevolten, die zur Enteignung der Großgrundbesitzer und zur Verteilung von deren Land unter die Bauern geführt hatten.

Die radikalen Änderungen der Wirtschaftsordnung, die äußere Bedrohung durch die Invasion fremder Mächte und der innere Bürgerkrieg stürzten die Wirtschaft noch mehr ins Chaos. Im Jahre 1919 war die landwirtschaftliche Produktion auf 60 bis 70 Prozent ihres Vorkriegsstandes abgesunken, die Industrieproduktion auf nur noch 15 Prozent, die Getreideablieferung an die staatlichen Aufkäufer war zusammengebrochen, 1917/18 betrug sie lediglich 1,2 Millionen Tonnen gegen 8,3 Millionen ein Jahr zuvor. Den Städten drohte eine Hungerkatastrophe. In dieser Lage ergriff die Regierung Maßnahmen, die unter dem Namen »Kriegskommunismus« bekannt geworden sind. Ihr Kern war die gewaltsame Beschlagnahme von Getreidevorräten bei den Bauern und deren Verteilung mit Hilfe eines Rationierungssystems in den Städten. Ein wenig wurden die Bauern mit der Zuteilung von Konsumgütern entschädigt, die ebenfalls staatlich bewirtschaftet wurden. Die restlichen größeren Industriebetriebe wurden verstaatlicht, eine Arbeitspflicht wurde eingeführt, die Geldmenge sehr stark ausgeweitet, was zu großer Inflation führte und Schwarzhandel sowie Kompensationsgeschäfte überhandnehmen ließ. Sie waren für die Alimentierung des privaten Konsums wichtiger als die offiziellen Zuteilungen.

Charakteristisch an den geschilderten Maßnahmen war, daß sie zwar einerseits ein Kind der Not der Zeit waren. Andererseits entsprachen sie jedoch auch weitgehend damaligen Vorstellungen vom Sozialismus, führten sie doch zu einem Funktionsverlust des Geldes, an dessen Stelle der Naturaltausch von Bedarfsgütern trat. Sie waren insofern die Vorstufe zu einer geldlosen Nicht-Marktwirtschaft, dem sozialistischen Ideal einer Ökonomie. Einflußreiche Kreise der bolschewistischen Partei, unter ihnen Lenin selbst, wollten sie daher auf jeden Fall beibehalten, auch als die Situation der Sowjetregierung sich ein wenig stabilisierte. Erst verbreitete Unruhen von Bauern und Arbeitern aufgrund einer sich erneut verschlechternden Wirtschaftslage 1920/21 brachten im Frühjahr 1921 den Beschluß der Partei, die Requisitionen von Getreide schrittweise durch eine fixierte Naturalabgabe an Getreide zu ersetzen. Allerdings war geplant, eventuelle Überschüsse der Bauern über die Abgabe hinaus direkt gegen andere Bedarfsgüter einzutauschen. Und wie zum Beweis dafür, daß durch die Aufgabe der Requisitionen nicht das Ziel der Errichtung einer sozialistischen Wirtschaft aufgegeben worden sei, wurde im Februar 1921 mit Gosplan auch die zentrale staatliche Planbehörde gegründet. Dennoch ließ sich nicht verhindern, daß die Bauern ihr überschüssiges Getreide lieber gegen Geld verkauften. Die Geldwirtschaft kehrte autonom zurück, und jetzt zog man die Konsequenz daraus: 1924 gelang es, die Währung zu stabilisieren, die Naturalabgabe in Getreide wurde in eine Steuer, zahlbar in Geld, umgewandelt. Die Bauern konnten ihre Überschüsse frei verkaufen, wobei staatliche Stellen mit privaten Käufern konkurrierten. Dementsprechend war es nötig, den Bauern Verkaufsanreize in Form attraktiver Preise und der Möglichkeit des Erwerbs industrieller Güter zu geben. Man schuf einen freien Arbeitsmarkt und ließ stärkere Lohndifferenzierung zu. Durch Ausgabensenkung und Wiedererhebung indirekter Steuern (zum Beispiel auf Wodka) wurde der Staatshaushalt saniert, was eine Vorbedingung für die Währungsstabilisierung war.

Diese Zeit, die den größten Teil der zwanziger Jahre umfaßte, heißt die Periode der »Neuen Ökonomischen Politik« (russische Abkürzung: NEP). Vorherrschend war damals ein gemischtes Wirtschaftssystem mit privater, bäuerlich betriebener Landwirtschaft, überwiegend privatem Einzelhandel, verstaatlichter Industrie, staatlichem Großhandel und Bankensystem. Der Staat zog sich also nicht aus dem Wirtschaftsleben zurück, sondern er blieb Großunternehmer, übte die Kontrolle über Großhandelspreise und Löhne aus, kontingentierte Eisen und Stahl und bestimmte über die Zusammensetzung von Exporten und Importen. Im Vergleich zur Vorkriegszeit ging der Außenhandel stark zurück, Konsumgüter wurden fast gar keine mehr eingeführt, dafür erhöhte sich der Anteil an Importen von Maschinen und industriellen Rohstoffen. Der Getreideexport ging stark zurück. Darin spiegelte sich nicht zuletzt der Niedergang der Marktverkäufe der Landwirtschaft wider von 22 Prozent der Agrarproduktion im Jahre 1913 auf 16 Prozent 1926 – eine Folge wohl der Verschlechterung des Verhältnisses der Preise von Agrar- zu Industrieerzeugnissen und gewiß auch der Zerschlagung der vor allem für den Markt produzierenden großen Landgüter.

Das Ziel einer voll entwickelten sozialistischen Wirtschaft wurde nicht aufgegeben, aber man wollte es nun durch eine »Kulturrevolution« auf dem Land erreichen, indem die Bauern langsam von den Vorteilen genossenschaftlicher Kooperation überzeugt werden sollten. Erst dann würde ja auch der Einsatz moderner Landmaschinen rentabel, deren Produktion gefördert wurde. Im Vergleich zur Periode des Kriegskommunismus wurden den Bauern jetzt viel größere Anreize zu Produktion und Verkauf geboten, man war in der Landwirtschaft zu marktwirtschaftlichen Stimuli zurückgekehrt. Im Jahre 1926 erreichte die Agrarproduktion und die volkswirtschaftliche Produktion insgesamt etwa wieder das Vorkriegsniveau.

Es war eine Zeit, in der die sowjetische Wirtschaft eine beachtliche Akkumulationskraft entwickelte. Das Instrument dafür waren die Gewinne, die unter anderem die verstaatlichten Industriebetriebe infolge ihrer monopolistischen Preisgestaltungsmöglichkeiten machten. Ein erheblicher Teil dieser Gewinne wanderte in den Staatshaushalt und diente zur Finanzierung des weiteren industriellen, vor allem des schwerindustriellen Ausbaus und von Vorhaben wie etwa des großen Elektrifizierungsprogramms GOELRO. Die anderen volkswirtschaftlichen Bereiche – Landwirtschaft, Kleingewerbe und Handel – finanzierten sich im wesentlichen selbst, ebenfalls aus Gewinnen, die im Fall der Landwirtschaft niedriger waren als sie gewesen wären, wenn die Industrie nicht verstaatlicht und kein staatliches Außenhandelsmonopol errichtet worden wäre. Dennoch funktionierten die marktwirtschaftlichen Anreize, mögen sie auch verzerrt gewesen sein, und die einzelnen Sektoren der Volkswirtschaft entwickelten sich annähernd gleichgewichtig, mit einem staatlich gesetzten Akzent auf der Schwerindustrie. Dies war möglich, obwohl, anders als im vorrevolutionären Rußland, kein Auslandskapital mehr ins Land floß. Vielmehr fand die Kapitalbildung aus eigener Kraft statt und zwar in einem weitgehend durch Marktbeziehungen und nicht durch administrativen Plan geregelten System, in dem allerdings die generierten Wachstumsimpulse nun voll der heimischen Wirtschaft zugute kamen.

Im Lauf der zwanziger Jahre entfaltete sich in der Partei eine ausgedehnte Debatte über den raschesten Weg zum Industrieland. Denn trotz der Industrialisierungsfortschritte war nicht zu übersehen, daß die Sowjetunion über weite Strecken noch ein Agrarland war. Noch 1926 lebten gut 80 Prozent der Bevölkerung auf dem Dorf. Und wenn auch die akute Bedrohung von außen nachgelassen hatte, so blieb man doch isoliert, und erneute gewaltsame Interventionen fremder Mächte waren nicht auszuschließen. Außerdem hatte man erkannt, daß, entgegen ursprünglichen Erwartungen, mit der Errichtung sozialistischer Systeme in den entwickelten Ländern, die die Isolierung der Sowjetunion beseitigt hätte, so bald nicht zu rechnen war. Daher tendierte man nun zum Ausbau des Sozialismus in einem Land, nämlich in der Sowjetunion. Das bedeutete, durch forcierte Industrialisierung einerseits weitgehend autark von Zulieferungen westlicher Länder zu werden und andererseits ein Industrie- und Rüstungspotential aufzubauen, das die nachhaltige Verteidigung der eigenen Interessen ermöglichte. Wie in Japan war also auch in der Sowjetunion der Wille zur Selbstbehauptung gegen tatsächliche oder vermeintliche Aggressionen der entwickelten Länder ein äußerst wichtiger Antrieb zur eigenen und eigenständigen Industrialisierung. Und wie in Japan mußte auch in der Sowjetunion die Landwirtschaft, schon wegen ihrer Dominanz in der Volkswirtschaft, eine wichtige Rolle dabei spielen.

Genau das reflektierte auch die Industrialisierungsdebatte der zwanziger Jahre in der Sowjetunion. Dabei gab es zwei wesentliche Denkrichtungen. Die eine vertrat die Auffassung, daß man das enorme Arbeitskraftpotential der Landwirtschaft mit relativ geringem Kapitaleinsatz voll nutzen und dazu zunächst die Produktionsmöglichkeiten der Bauern entwickeln solle. Die Effekte einer prosperierenden Landwirtschaft würden dann auch die Industrie umfassend anregen und schrittweise zur weiteren Industrialisierung führen. In der Tat war das in Japan ja weitgehend der Fall gewesen. Die andere Schule dagegen war der Meinung, um eine raschere Industrialisierung zu ermöglichen, müsse die Landwirtschaft direkt zur Bildung von Investitionskapital in der Industrie herangezogen werden. Das könne aber nur erreicht werden, indem die Landwirtschaft zum nichtäquivalenten Tausch gezwungen werde, mit anderen Worten, die relativen Preise von landwirtschaftlichen und Industrieprodukten sollten noch viel stärker zu Lasten der Landwirtschaft manipuliert werden. Um der Industrialisierung willen sollte die Landwirtschaft ausgebeutet werden, und das konnte auf Dauer kaum über Märkte geschehen.

Wie zum Beweis dieser Schlußfolgerung, blieben im Herbst 1927 die Getreideverkäufe der Bauern an den Staat um die Hälfte unter dem Vorjahresergebnis. Schuld daran war jedoch nicht nur die geringere Ernte, sondern eben auch das wirtschaftliche Kalkül der Bauern. Waren doch die Preise für Milch und Fleisch relativ gewinnbringender als für Getreide, weshalb die Bauern letzteres zurückhielten und lieber ersteres verkauften. Außerdem hatten sich Engpässe bei der Versorgung der Landbevölkerung mit Gewerbewaren ergeben, die weitere Geldeinnahmen durch den Verkauf von Getreide unattraktiv werden ließen. Wie schon einmal Mitte der zwanziger Jahre hätte der Staat die Situation mindestens teilweise wohl durch die Erhöhung der Ankaufspreise für Getreide bereinigen können. Das tat er dieses Mal jedoch nicht. Stattdessen griff er zu »außergewöhnlichen Maßnahmen« und begann im Jahre 1928, wie in der Phase des Kriegskommunismus, wieder mit gewaltsamen Requisitionen von Getreidevorräten. Damit geriet man unversehens auf den Weg der zweiten Denkrichtung, die Periode der »Neuen Ökonomischen Politik« war vorbei, das durch die Notwendigkeit des Markttauschs etablierte Gleichgewicht zwischen privater Landwirtschaft und verstaatlichter Industrie wurde zerstört und die Phase stark forcierter Industrialisierung der Sowjetunion eingeleitet.

2. Stalins Industrialisierung

Im Frühjahr 1929 wurde nach jahrelangen Vorbereitungen der erste Fünfjahresplan für die sowjetische Wirtschaft verabschiedet. Er sah eine gewaltige Industrialisierungsanstrengung vor. Die Nettoinvestitionen sollten Jahr für Jahr ein Viertel bis ein Drittel des Sozialprodukts umfassen, das selbst innerhalb der fünf Jahre auf das Doppelte steigen sollte. Besonders viel sollte in die Schwer- und Maschinenindustrie investiert werden, was der alten marxistischen Denkschablone von der Priorität dieser Bereiche entsprach. Die Konsumquote am Sozialprodukt sollte von 77 auf 66 Prozent sinken, der reale Verbrauch pro Kopf trotzdem absolut nicht unbeträchtlich zunehmen. Der Plan basierte auf den Voraussetzungen einer verstärkten Integration in die Weltwirtschaft, eines Rückgangs des Anteils der Rüstungsausgaben und einer kontinuierlichen Produktion der Landwirtschaft. In der Realität trat jedoch keine dieser Voraussetzungen ein.

Die Rüstungsausgaben nahmen aufgrund des Gefühls, bedroht zu sein, stärker zu als erwartet. Die Weltwirtschaftskrise führte insbesondere bei Rohprodukten zu einem außerordentlichen Preisverfall und traf damit die vor allem solche Güter exportierende Sowjetunion besonders stark. Sie mußte ihre Importe sehr einschränken und verzichtete daher auch auf die Einfuhr für die Konsumgüterproduktion notwendiger Rohstoffe, wie zum Beispiel Baumwolle. Zudem führte sie Verbrauchsgüter aus, die auf dem heimischen Markt selbst knapp waren, wie Tabak, Leinen, Milchprodukte. Mußte schon aufgrund dieser Entwicklungen der Konsum viel stärker beschränkt werden als geplant, so hatte der weitreichende Zusammenbruch der landwirtschaftlichen Produktion geradezu ein Desaster zur Folge. Das soll ein wenig genauer betrachtet werden.

Wie erwähnt, begannen 1928 wieder Beschlagnahmungen von Getreide, um eine Hungerkrise in den Städten abzuwenden. Gleichzeitig schlug die bereits eine Weile lang praktizierte Diskriminierung der Kulaken, das heißt der wohlhabendsten Bauern, die unter anderem Landarbeiter beschäftigten und Geld sowie Inventar verliehen, in regelrechte Verfolgung um. Bisher schon durften sie bei der Wahl der Dorfsowjets nicht mitbestimmen und mußten besonders hohe Steuern zahlen. Jetzt aber wurde ihr Vermögen konfisziert, sie wurden in Arbeitslager verschickt oder, wenn sie Widerstand leisteten, einfach erschossen. Stalin selbst forderte die Liquidation der Kulaken als Klasse, was etwa fünf Millionen Menschen betraf.

Hatte die sowjetische Führung zunächst versucht, die Mehrheit der Bauern gegen die Kulaken zu mobilisieren, gelang ihr das bald nicht mehr, da auch die Bedrückung dieser Bauern wuchs. Nicht nur wurden immer höhere und strengere Requisitionen durchgeführt und der freie Handel mit Agrarprodukten abgeschafft. Vielmehr erfolgte 1929 auch der Übergang zur Zwangskollektivierung fast der gesamten Landwirtschaft. Dieser Schritt glich einer Flucht nach vorn, weil die Bauern die staatliche Repression mit Gewalt und Sabotage beantwortet hatten. Insbesondere hatten sie massenweise ihr Vieh und ihre Pferde abgeschlachtet, was einen schweren Schlag für die sowjetische Landwirtschaft darstellte, nicht zuletzt wegen des Fehlens von Zugkraft, deren Niveau sich in etwa halbierte. Erst 1938 hatte sie ihren Stand von 1929 wieder erreicht, wobei jetzt mehr als 50 Prozent von Traktoren geleistet wurden. Außerdem hatten die Bauern infolge der Beseitigung des freien Handels mit Agrargütern keinen Anreiz mehr, Überschüsse zu produzieren, wobei die größten Markterzeuger, die Kulaken, ohnehin ausgeschaltet waren. Man mußte die Bauern förmlich zu Arbeit und Nahrungsmittellieferung zwingen, und das war der Zweck der Kollektivierung. Land und Inventar der Bauern wurde Kolchosen übereignet, sie selbst wurden zu Arbeitern auf den Kolchosen, wo unter strenger bürokratischer Kontrolle produziert wurde. Die Agrarproduktion erlebte einen tiefen Einbruch und erholte sich, trotz zunehmender Mechanisierung mit Hilfe von Maschinen-Traktoren-Stationen, nur sehr langsam. Sie blieb dauerhaft ineffizient, da jeder Anreiz für die Kolchosmitglieder, gut zu arbeiten, fehlte. Ja, in den ersten Jahren preßte der Staat solche Mengen an Nahrungsmitteln aus der Landwirtschaft heraus, daß auf dem Land viele Menschen verhungerten. Allerdings gelang es mit diesen Methoden, einen viel größeren Anteil der gesunkenen Nahrungsmittelproduktion zu expropriieren und den Städten sowie der Armee zur Verfügung zu stellen. Dennoch mußte 1929 erneut die Lebensmittelrationierung eingeführt werden, die bis 1935 beibehalten wurde.

Aber auch in anderen Sektoren der Wirtschaft verstärkte der Staat die Zwangseingriffe. Der Einzelhandel wurde verstaatlicht, die Autonomie der Gewerkschaften vollkommen beseitigt. Arbeitsbedingungen und Löhne wurden nun durch staatliches Dekret geregelt. In Arbeitslagern waren 1939 vier bis fünf Millionen Menschen untergebracht. Die Geldschöpfung wurde enorm beschleunigt, gleichzeitig aber eine umfassende Preiskontrolle eingeführt. Märkte für Produktionsgüter wurden durch materielle Zuteilungen ersetzt. Insgesamt kann man die Stoßrichtung der Wirtschaftspolitik mit dem Satz umschreiben: Mit Hilfe physischer Kontrollen sollte zwangsweise die Ersparnis aufgebracht werden, die für die gesteigerte Akkumulation notwendig war.

Das gelang tatsächlich: Zwischen 1928 und 1937, das heißt bis zum Ende des zweiten Fünfjahresplans erhöhte sich das in die Industrie investierte Kapital auf mehr als das Fünffache. Die Industrieproduktion stieg um mindestens 150 Prozent, nach sowjetischen Angaben gar um 350 Prozent, die Industriebeschäftigung um 170 Prozent. Nur noch ein geringer Bruchteil von sechs Prozent der gewerblichen Produktion stammte 1937 aus der Kleinindustrie, die Sowjetunion war hauptsächlich großindustriell geprägt. Sie konnte nun ihren Bedarf an Kraftwerksausrüstungen, Mähdreschern, Panzern, Flugzeugen und Werkzeugmaschinen aller Art selbst decken, und sie hatte einen gewaltigen Sprung in der Beherrschung der modernen Technik gemacht. Zweifellos hat dazu auch eine Erziehungs- und Ausbildungsoffensive beigetragen: 1932 war das allgemeine vierjährige Elementarschulwesen verbindlich eingeführt worden, 1939 hatte sich in den Städten generell eine siebenjährige Schulausbildung durchgesetzt, die Analphabetenquote in der Altersgruppe der 9- bis 49jährigen fiel zwischen 1926 und 1939 von 43 auf 13 Prozent. Es gab Alphabetisierungskampagnen für Erwachsene, und die höhere sowie technische Ausbildung wurde stark gefördert. Außerdem scheint die Konzentration auf die Errichtung neuer Großbetriebe und die zentrale Kontrolle der raschen Verbreitung neuester Techniken zunächst förderlich gewesen zu sein, ebenso wie der Standardisierung und überhaupt der Erzielung von Skalenvorteilen. Den großen Industrialisierungsschub, der in der Sowjetunion während der ersten beiden Fünfjahresplanperioden stattfand, kann man auch daran ermessen, daß die Zahl der in der Landwirtschaft Beschäftigten in dieser Zeit von 71 auf 57 Millionen zurückging. Zwischen 1926 und 1939 wanderten 23 Millionen Menschen vom Land in die Städte. Das aber heißt, daß erstmals ein substantieller Strukturwandel in der Volkswirtschaft der Sowjetunion in Gang gekommen war, indem der Anteil des Agrarsektors an den Beschäftigten relativ und sogar absolut rasch abnahm und sich die Sowjetunion in diesen Proportionen langsam den entwickelten Nationen anglich.

Das ganz Besondere des Falles Sowjetunion war nun jedoch, daß dieser Entwicklungssprung bei sinkendem Lebensstandard der Bevölkerung stattfand. Der gesamtwirtschaftliche Verbrauch ging, entgegen dem Plan, absolut zurück, und noch 1937 war der private Konsum pro Kopf etwa fünf Prozent niedriger als 1928 – mit fallender Tendenz. Zwischen 1926 und 1937 betrug die das Normale überschreitende Sterblichkeit 5,5 Millionen Menschen. Sie starben an Hunger oder infolge der Ausbeutung in den Arbeitslagern.

Hand in Hand mit der wirtschaftlichen Entwicklung in der Sowjetunion ging demnach ungeheures menschliches Leid, verursacht durch die staatliche Repression, die den materiellen Konsum zugunsten der Investition radikal einschränkte und gleichzeitig versuchte, aus den Menschen das Äußerste an Arbeitsleistung herauszuholen. So ist die Sowjetunion das einzige unter den hier besprochenen Ländern, dessen wirtschaftliche Entwicklung mit einem absoluten Rückgang des Durchschnittskonsums pro Kopf erkauft worden ist. In allen anderen Fällen stieg der Lebensstandard, und selbst der Konsum der Unterschichten blieb im großen und ganzen mindestens konstant.

3. Probleme des Sozialismus beim Übergang von extensivem zu intensivem Wachstum

Wir sahen im letzten Abschnitt, daß der Stalinsche Sozialismus in der Sowjetunion das Industrialisierungstempo außerordentlich beschleunigte und in den dreißiger Jahren einen gewaltigen Industrialisierungsschub brachte. Zwei Eigenschaften des Systems waren dafür entscheidend: Zum einen kappte das staatliche Außenhandelsmonopol alle privaten wirtschaftlichen Beziehungen zum Weltmarkt und entzog so die Sowjetunion dem zuvor herrschenden Peripherisierungsdruck. Die Ströme ausländischen Kapitals versiegten, ebenso wurde der Handel von Agrargütern und Rohstoffen gegen Konsumgüter unterbunden. Zum anderen gelang es, durch strikte physische Kontrollen den Konsum radikal zu beschränken, die gesamtwirtschaftliche Investitionsquote zu erhöhen und die Investitionen in vom Staat bevorzugte Bereiche, vor allem die Schwer- und Maschinenindustrie, zu lenken. Allerdings war, damit die physischen Kontrollen das gewünschte Ergebnis haben konnten, die Abschaffung der Privatautonomie der Produzenten nötig. Die Abschaffung der Märkte und damit die Beseitigung der Möglichkeit zum äquivalenten Tausch allein genügte nicht, da damit für autonome Produzenten jeglicher Anreiz zur Produktion für fremden Bedarf fortfiel und diese also dafür nicht mehr produziert hätten. Statt, wie geplant, zu wachsen, wäre die Wirtschaft eingeschrumpft. Um den drohenden »Produktionsstreik« abzuwenden, mußte man demnach die Privatbesitzer enteignen und ihnen so die Verfügungsmacht über ihre Unternehmungen entziehen. Insofern war die Kollektivierung der sowjetischen Landwirtschaft als des größten noch in Privathand befindlichen Wirtschaftssektors der Sowjetunion letztlich eine logische Folge der forcierten Akkumulation zugunsten der Industrie mit Hilfe physischer Kontrollen. Selbst wenn die Landwirtschaft aufgrund des Niedergangs der Agrarproduktion netto kaum einen direkten Kapitalbeitrag zu der raschen Industrialisierung geleistet hat, so hat sie doch zumindest die Nahrungsmittel für die in Industrie und tertiärem Sektor Beschäftigten zur Verfügung gestellt und damit deren außerlandwirtschaftliche Tätigkeit materiell ermöglicht. Die Vergesellschaftung der Produktionsmittel mit unmittelbaren Verfügungsrechten staatlicher Bürokratien ist eine Voraussetzung für die Durchsetzung staatlicher Entwicklungsziele, die für den menschlichen Konsum nur ein Minimum lassen, weil nur so der Staat das notwendige Instrumentarium für Sanktionen voll nutzen kann. Daher kommt es, daß eine unter staatlicher Bewirtschaftung stehende Wirtschaft mit verstaatlichtem Eigentum an den Produktionsmitteln einer solchen, in der die Produktionsmittel in privatem Eigentum sind, immer überlegen zu sein scheint.

Der auf dem Einsatz von Zwangsmitteln beruhende Industrialisierungserfolg der Sowjetunion in den dreißiger Jahren ebenso wie das sehr rasche Wirtschaftswachstum nach dem Zweiten Weltkrieg bis in die sechziger Jahre hinein, ließ die diese Zwangsmittel legitimierende Ideologie des Sozialismus für viele Entwicklungsländer nach deren Entkolonialisierung eine Zeitlang sehr attraktiv erscheinen. Glaubten sie doch, damit eine Strategie an der Hand zu haben, die eine rasche nachholende Industrialisierung möglich machen würde. So ist es zu erklären, daß diese Staaten sich relativ häufig »sozialistisch« nannten und, wenn auch nicht in derselben Radikalität wie die Sowjetunion, sich wenigstens verbal an einen sozialistischen Entwicklungsweg hielten. Es trat das paradoxe Ergebnis ein, daß der Sozialismus, ursprünglich propagiert als das Stadium einer Wirtschaft, das *nach* dem des voll entwickelten Kapitalismus eintreten würde, im Bewußtsein vieler Menschen zu einem alternativen Entwicklungsweg wurde, mit dem die meisten Errungenschaften eines ausgebildeten Kapitalismus erst einmal erreicht werden sollten.

Bis heute zeigte sich dann aber, daß der Sozialismus doch kein Allheilmittel bei Entwicklungsproblemen ist. Vielmehr waren in der Sowjetunion offenbar zusätzliche Bedingungen gegeben, die außer dem Sozialismus den Industrialisierungserfolg Stalins ermöglichten. Dazu zählten erstens die Größe des Landes und damit sein ungeheurer Ressourcenreichtum, der eine weitgehend vom Weltmarkt abgekoppelte Entwicklung und Industrialisierung wenigstens nicht von vornherein an Versorgungsproblemen scheitern ließ. Kuba beispielsweise steht da vor einer grundlegend anderen Situation, und es kommt deshalb unter sozialistischen Vorzeichen nur schwer von der Zuckermonokultur los. Zweitens gab es in der Sowjetunion zur Zeit ihrer Entstehung wenigstens bereits einige Fortschrittskerne, es gab eine relativ gut ausgebaute Verkehrsinfrastruktur und ein gewisses kleines Potential hochqualifizierter Techniker, Wissenschaftler und Unternehmer. Die Sowjetunion war zwar noch überwiegend ein Agrarland, aber sie war kein reines Agrarland mehr, und sie war bald in der Lage, die moderne Technik zu imitieren und eigenständig große Fabriken aufzubauen und zu betreiben. Drittens schließlich hatte sie den Sozialismus so gründlich umgesetzt wie fast kein anderer Staat, und das war wohl auch eine wesentliche Bedingung für den Industrialisierungs- und Wachstumserfolg. Ein sozialistischer Lenkungsanspruch für die Wirtschaft ohne umfassende Verstaatlichung der Produktionsmittel dagegen, wie das in vielen Entwicklungsländern praktiziert worden ist, kombiniert Nachteile der beiden Wirtschaftsordnungsmodelle: Der private Produktionsanreiz wird vermindert, ohne daß dem Staat tatsächlich die Macht zuwächst, seine Produktionsziele effektiv durchzusetzen.

Zudem erwies sich spätestens seit den siebziger Jahren in der Sowjetunion sowie in den anderen sozialistischen Ländern ihres Einflußbereichs, daß der Sozialismus auch unter dem Gesichtspunkt der wirtschaftlichen Entwicklung schwere Defekte hatte. Statt, wie versprochen, im Lebensstandard der breiten Bevölkerung sich den entwickelten kapitalistischen Staaten anzunähern und sie schließlich zu überholen, fielen die sozialistischen Länder relativ immer weiter zurück. Versorgungsengpässe sowohl bei Konsumgütern als auch bei Produktionsinputs verschwanden nicht. Die Qualität vieler Produkte und die Sortimentsgestaltung ließen sehr zu wünschen übrig, und die Wettbewerbsfähigkeit in technologieintensiven Produkten auf dem Weltmarkt ging sogar hinter die von Schwellenländern wie Südkorea oder Taiwan zurück. Die Sowjetunion war vorwiegend als Exporteur von Rohstoffen auf westlichen Märkten präsent, und sie unterschied sich insofern nicht von vielen unterentwickelten Ländern. Zu alledem ergab sich, trotz weiterhin hoher Investitionsquoten, ein starker Rückgang der Wachstumsraten, wobei ohnehin grundsätzliche Zweifel an der Zuverlässigkeit des sowjetischen Sozialproduktausweises wegen des Nicht-Vorhandenseins von Marktpreisen angebracht erscheinen.

Die geschilderten Mängel sind dem sozialistischen Wirtschaftssystem immanent und daher, wie zahlreiche gescheiterte Reformversuche gezeigt haben, innerhalb dieses Rahmens nicht korrigierbar. Sie sind letztlich die direkte Folge der physischen Kontrollen in Gestalt des zentralen Plans, dessen Realisierung unter Einsatz der Staatsmacht erzwungen wird, sowie der staatlichen Verfügungsmacht über die Produktionsmittel, die wesentliche Bedingung für die Wirksamkeit der staatlichen Produktionslenkung. Damit sind die Anreize zur Entfaltung von Privatinitiative in sozialistischen Wirtschaften äußerst gering, ja, diese wird vielfach auch deshalb gehemmt, weil sie die Erfüllung der Pläne beeinträchtigen könnte. Es gibt drei gravierende Probleme mit einem verbindlichen zentralen Plan, die die Effizienz und Dynamik einer solcherart regulierten Wirtschaft entscheidend schwächen:

A. Die Informationsverarbeitungskapazität der Planungsinstanzen ist beschränkt. Sie mag ausreichen, um die Produktion und Verwendung der zur Deckung der menschlichen Grundbedürfnisse nötigen Güter zu steuern. »Kriegskommunismus« läßt sich damit praktizieren, jedoch nicht die der tatsächlichen Nachfrage angepaßte Produktion eines Sortiments von Millionen Produkten der verschiedensten Typen und Qualitäten bewerkstelligen. Das aber ist genau die Situation in einer entwickelten Wirtschaft mit hohem

Lebensstandard, in der es zu einer weitgehenden Differenzierung der Nachfrage kommt. Deshalb muß sich die Planung notgedrungen auf relativ grobe, rasterhafte Planbefehle beschränken und für die Feinsteuerung doch Preise verwenden, die es demzufolge auch in sozialistischen Wirtschaften gibt. Da es jedoch administrativ festgesetzte und nicht Marktpreise sind, spiegeln sie die tatsächliche Struktur der Nachfrage häufig falsch wider und führen somit zur Fehlsteuerung der Wirtschaft.

B. Mit der Planung ist eine Planperiode verbunden, in der der Plan möglichst entsprechend den Vorgaben durchgeführt wird. Außerdem braucht es Zeit, einen Plan zu erstellen. Vielfach dauerte das in sozialistischen Wirtschaften ein Jahr. In dieser Zeit, der Aufstellungs- und Durchführungsperiode eines Planes, können unvorhergesehene Ereignisse eintreten, die im Plan nicht adäquat berücksichtigt worden sind und, schlimmer noch, auf die die mit Hilfe des zentralen Plans regulierte Wirtschaft nicht adäquat reagieren kann. Daher sind Inflexibilität und langsame Anpassungsprozesse an neue Konstellationen hervorstechende Kennzeichen sozialistischer Wirtschaften – ein wichtiger Grund für ihre prinzipielle Unterlegenheit am Weltmarkt.

C. Nur Bekanntes läßt sich planen. Das wirft zum einen das Problem der Informationsbeschaffung durch die Planungsinstanzen auf. Mindestens teilweise sind diese dabei nämlich abhängig von den durch sie gesteuerten Betrieben. Da der betriebliche Erfolg jedoch am Grad der Planerfüllung gemessen wird, ist das Interesse an möglichst leicht erfüllbaren, »weichen« Plänen groß. Die Betriebe versuchten daher, nie die letzten Reserven anzugeben, ein Grund dafür, daß der Bodensatz gehorteter, nicht genutzter Ressourcen in sozialistischen Wirtschaften immer recht groß war. Zum anderen ist es so, daß zwar die Verwendung vorhandener Produktionsfaktoren und Rohstoffe und der Einsatz bekannter Techniken für die Erzeugung bereits existierender Produkte geplant werden kann. Extensives Wachstum ist deshalb relativ gut planbar. Jedoch erwies es sich als unmöglich, die Ansammlung neuer Erkenntnisse, von neuem technischen Wissen und insbesondere die Durchführung von Innovationen zu planen. Da es auch nur geringe Anreize für die private Innovationstätigkeit gab, war eine ausgeprägte Innovationsschwäche ein besonderes Charakteristikum aller sozialistischen Wirtschaften. Selbst bei der vom Staat geförderten und viel propagierten Durchsetzung des technischen Fortschritts handelte es sich fast immer um Technologieimport, um Imitation, nicht um echte Innovationen. Damit war also die Abtötung des Innovationsanreizes durch weitgehende Beseitigung der Autonomie und Erstickung der Initiative von Unternehmern bei gleichzeitiger grundsätzlicher Nicht-Planbarkeit von Innovationen die zentrale Crux der sozialistischen Planwirtschaften. Die Umschaltung von extensivem auf intensives Wachstum konnte nicht gelingen, und mit zunehmender Erschöpfung der extensiv nutzbaren Ressourcen (einschließlich der Umwelt!) hörte Wachstum schließlich ganz auf. An ihrer Unfähigkeit, intensives Wachstum zu generieren, gingen die sozialistischen Wirtschaftssysteme schließlich zugrunde.

Wie dargelegt, stand extensives Wachstum vielfach am Anfang des Entwicklungsprozesses eines Landes. War jedoch die Entwicklung erst einmal angelaufen, wurde extensives Wachstum in kapitalistischen, das heißt auf Unternehmerautonomie beruhenden Wirtschaftsordnungen Schritt für Schritt durch intensives Wachstum abgelöst. Das geschah in Reaktion auf die durch freie Preise angezeigte, zunehmende Knappheit an Ressourcen, auf die die Unternehmer innovativ antworteten. Nicht also in der Förderung extensiven Wachstums liegt der Grundfehler des sozialistischen Wirtschaftssystems, sondern in seiner Unfähigkeit, davon beizeiten wegzukommen und mit Hilfe von Innovationen das Wachstum weiter voranzutreiben. Dieses Versagen führte dazu, daß viel zu lange an ausschließlich extensivem Wachstum festgehalten wurde. Und das bewirkte seinerseits schwerwiegende Deformationen der Strukturen sozialistischer Volkswirtschaften wie die Überbetonung des Industriesektors, was Produktion und Investition anbelangt, die Vernachlässigung der Dienstleistungen, die Bildung von monopolistischen Großbetrieben um vermeintlicher Größenvorteile willen, einen permanenten Geldüberhang und nicht zuletzt Umweltschäden. Angesichts all dieser schweren Nachteile, an deren Folgen die ehemals sozialistischen Volkswirtschaften heute zu tragen haben, erscheint der Sozialismus als Entwicklungsstrategie auch unter einem rein wirtschaftlichen Blickwinkel äußerst fragwürdig. »Entwicklung« unter Inkaufnahme solcher Deformationen ist eben keine Entwicklung, ganz zu schweigen von der Unfreiheit und dem menschlichen Leid, die der Sozialismus gebracht hat.

VII. Erfahrungen aus bisherigen Industriellen Revolutionen für Entwicklungsländer

Großbritannien, Kerneuropa und Japan zeigen, daß Industrielle Revolutionen dann erfolgreich sind, wenn der Stand der vorindustriellen Entwicklung hoch ist. Das heißt, es gab in diesen Fällen einen langdauernden Prozeß wirtschaftlicher Entwicklung vor der eigentlichen Industrialisierung, in dem überhaupt erst die Voraussetzungen dafür geschaffen wurden. Wichtige derartige Voraussetzungen sind:

– die Ansammlung von Humankapital in der Bevölkerung. Entscheidend für erfolgreiche Industrialisierung in dieser Hinsicht ist nicht nur formale Bildung wie die Fähigkeit zu lesen und zu schreiben, sondern auch und besonders gewerbliches und unternehmerisches Know-how, etwa handwerkliche Fertigkeiten, kommerzielle Kenntnisse und betriebliches Organisationswissen. Deshalb ist ein hohes Niveau nichtlandwirtschaftlicher Erwerbstätigkeit in vorindustrieller Zeit eine gute Ausgangsbasis für eine Industrielle Revolution;

– die Überwindung der Stufe der Subsistenzwirtschaft und die Herstellung eines möglichst dichten Netzes marktlicher Verflechtungsbeziehungen, vorzugsweise im Binnenbereich. Erst dann haben punktuelle Einkommenssteigerungen verbreitet Multiplikatoreffekte, und ein sich selbst tragender Wachstumsprozeß kann entstehen. Dafür besonders günstig ist eine nicht zu ungleiche Einkommens- und Vermögensverteilung, weil andernfalls erfahrungsgemäß große Teile der kaufkräftigen Nachfrage ins Ausland abfließen und für die Ankurbelung des Binnenwachstums verlorengehen. Eine superreiche Oberschicht ist nämlich aus Qualitäts- und Statuserwägungen heraus immer geneigt, ihre Konsum- und Investitionsbedürfnisse vor allem auf dem Weltmarkt zu befriedigen. Deshalb sind eine bäuerlich strukturierte Landwirtschaft und eine starke Kleinindustrie vorteilhaft für Entwicklung, zumal diese auch in ihrer Input- und Kapitalnachfrage sowie in ihrer Outputverwendung meist auf ihr lokales Umfeld bezogen sind. Mit anderen Worten, sie fragen vielfach heimische Rohstoffe nach, regen die inländische Kapitalakkumulation an und produzieren für lokale Bedürfnisse, ihre Verflechtungsbeziehungen mit dem Rest der heimischen Wirtschaft sind also besonders groß. Außerdem sind sie arbeitsintensiv und unterstützen die Humankapitalbildung breiter Schichten der Bevölkerung.

Sind die genannten Voraussetzungen nicht erfüllt, führen der Aufbau von Großindustrie und die forcierte Einbeziehung in den Weltmarkt, womöglich unter Nutzung bestehender komparativer Vorteile beim Rohstoff- und Agrargüterexport und gefördert durch ausländische Kapitalinvestitionen, nicht zu Entwicklung, sondern zu Unterentwicklung oder Peripherisierung. Kennzeichen einer solchen Unterentwicklung ist wirtschaftlicher Dualismus mit einem modernen, auf den Weltmarkt bezogenen Wirtschaftssektor, der weitgehend unverbunden neben einem traditionellen Wirtschaftssektor steht. Multiplikatoreffekte pflanzen sich kaum über die jeweiligen Sektorgrenzen hinaus fort. Sich selbst tragendes Wachstum, das die ganze Wirtschaft erfaßt, kommt auf diese Weise nicht zustande, ja, der Dualismus erweist sich aufgrund seiner Konsequenzen – vorzeitige Urbanisierung, ökologische Schäden, Verschuldung und anderes – gar als eine entscheidende Entwicklungsbarriere. Zahlreiche Entwicklungsländer sind diesen Irrweg gegangen, weil sie zu schnell und zu direkt die Industrialisierung angestrebt haben und nicht erkannten, daß dafür ein ausreichendes Niveau vorindustrieller Entwicklung notwendig ist. Kurz gesagt, es ist unmöglich, sich innerhalb weniger Jahre vom Mittelalter in die industrielle Zeit zu katapultieren. Viele Entwicklungsländer befinden sich heute noch, gemessen am Lebensstandard der breiten Masse der Bevölkerung, am verfügbaren Humankapital und am Stand der autochtonen gewerblichen Entwicklung, weit unter dem Niveau Englands im 18. Jahrhundert.

Ist eine genügend hohe Stufe vorindustrieller Entwicklung erreicht, entstehen Industrielle Revolutionen aus einem beschleunigten extensiven Wachstum, einem Wachstum also, das überschüssige Ressourcen produktiv nutzt. Solche überschüssigen Ressourcen scheinen in jedem Entwicklungsland vorhanden zu sein. In manchen Fällen, zum Beispiel in den USA und anderen ehemaligen weißen Siedlerkolonien, bestanden sie vor allem in Reserven von Land, in Europa und Japan dagegen vorzugsweise in Arbeitskraft, wie auch in den meisten heutigen Entwicklungsländern. Wir sahen, besonders deutlich in den Fällen Großbritannien und Japan, daß die Einbeziehung von in der Landwirtschaft nicht mehr gebrauchter bzw. unterbeschäftigter Arbeitskraft in die gewerbliche Produktion zur »Industrialisierung« der Beschäftigtenstruktur im Wortsinne führte und damit die Industrielle Revolution auslöste. Umgekehrt heißt das, um Entwicklung zu fördern, muß man Wege hin zu extensivem Wachstum öffnen. Wieder erweist sich: Nicht die möglichst rasche Errichtung kapitalintensiver, moderner Großindustrie oder die baldige Übernahme der produktivsten Technologien bringt eine beginnende Industrialisierung in den meisten Fällen am besten voran, sondern die Unterstützung arbeitsintensiver Klein- und Mittelbetriebe und zwar auch im sogenannten informellen, das heißt statistisch und steuerlich nicht voll erfaßten Sektor.

Der Staat sollte demnach, außer der Wahrnehmung von Funktionen beim Ausbau des Bildungs- und Ausbildungswesens, primär die Entwicklung der bäuerlichen Landwirtschaft und der Kleinindustrie fördern. Dazu muß er zunächst die Rahmenbedingungen richtig setzen. Eigentums- und Besitzrechte, eventuell nach Durchführung einer Bodenreform bzw. der Etablierung eines Systems langfristiger Pachtverträge für große Teile des landwirtschaftlich genutzten Landes, müssen sicher sein. Außerdem muß die freie Unternehmerinitiative gewährleistet sein, sowie die weitgehende private Aneignung der Erträge wirtschaftlicher Aktivitäten durch die Investoren. Darüber hinaus kann der Staat sinnvoll Hilfestellung leisten bei der Kapitalaufbringung durch Etablierung von Kreditinstituten, die Bauern und Kleingewerbetreibenden normal verzinsliche Kredite geben, sowie beim Know-how-Transfer und auch beim Absatz, zum Beispiel durch Einrichtungen zur Qualitätskontrolle. Unter allen Umständen sollte er sich jedoch direkter Interventionen, sei es in den Preismechanismus, sei es in die Absatzorganisation, etwa durch Verkaufsgenossenschaften mit Zwangscharakter, enthalten. Eine Wirtschaftspolitik entsprechend den eben skizzierten Grundsätzen wird zu schrittweiser Produktions- und Produktivitätssteigerung führen, was im Falle der Landwirtschaft zur Ernährungssicherung aus heimischer Erzeugung beiträgt. Verfügbare Devisen können damit anders als für Lebensmittelimporte verwendet werden. Wenn darüber hinaus die alltäglichen gewerblichen Gebrauchsgüter für die Bevölkerung von der inländischen Kleinindustrie hergestellt werden, bietet es sich an, die im Export, häufig sicher ebenfalls von kleinbetrieblich erzeugten Produkten und Leistungen, verdienten Devisen für die Einfuhr von Rohstoffen und Know-how auszugeben und auf diese Weise die Grundlagen für wirtschaftliche Entwicklung sukzessive zu erweitern. Das jedenfalls war das Erfolgsrezept Japans. Dabei erscheint es am sinnvollsten, Außenhandelsbeziehungen weder durch übermäßigen Protektionismus bewußt zu benachteiligen, noch etwa durch die Werbung um ausländische Direktinvestitionen oder durch eine forcierte Exportsteigerungspolitik bewußt zu fördern. Der Akzent der wirtschaftspolitischen Aktivitäten sollte stattdessen auf der Erweiterung der binnenwirtschaftlichen Beziehungen liegen. Generell muß man ebenfalls feststellen, daß die erforderliche Kapitalbildung ein viel geringeres Problem ist, als früher häufig gedacht. Wenn nämlich der hier vorgeschlagene Weg schrittweiser Entwicklung befolgt wird, ist erstens der Kapitalbedarf für die vorzugsweise arbeitsintensive Produktion gar nicht besonders hoch, zweitens die Motivation zum Sparen für die lokalen Unternehmer groß, und drittens können notwendige Kapitalerweiterungen vielfach durch die Re-Investition von bereits anfallenden Gewinnen finanziert werden.

Die beschriebene relativ zurückhaltende Rolle wird der Staat vor allem dann übernehmen, wenn die Führungsschicht über ihr eigenes enges Partikularinteresse hinausblickt und das gesamtnationale Interesse an wirtschaftlicher Entwicklung im Auge hat. Nur dann sind Privilegienabbau, Bodenreform und Maßnahmen, die die wirtschaftliche Leistung als Kriterium für die Verteilung von Einkommen stärken wollen, wirklich durchführbar. Nur dann besteht auch die Wahrscheinlichkeit, daß sich der Staat direkter Interventionen in das Wirtschaftsgefüge enthält, und die Führungsschicht damit auf vielfältige Möglichkeiten der Abschöpfung von Renten verzichtet. Wie wichtig eine derartige Einstellung der Oberschicht und des Staates für erfolgreiche nachholende Entwicklung ist, hat wiederum exemplarisch Japan aufgezeigt. Auf der anderen Seite kann man in vielen Entwicklungsländern die verhängnisvollen Effekte einer ihr eigenes Interesse in den Vordergrund rückenden oligarchischen Führungsschicht studieren. Für eine der Entwicklung förderliche Haltung der Oberschicht ist möglicherweise deren starke Rückbindung in der nationalen Kultur vorteilhaft, da sich dadurch ihr Unabhängigkeitswille vergrößert.

Ist ein Prozeß beschleunigten extensiven Wachstums erst einmal angestoßen, entwickelt sich, bei Annäherung an die Vollbeschäftigung der zuvor überschüssigen Arbeitskraft, spontan intensives Wachstum, das heißt Wachstum, das primär auf Produktivitätssteigerung und nicht mehr auf der Vermehrung der in der Produktion eingesetzten Produktionsfaktoren beruht. Die Voraussetzungen dafür sind eine liberale Wirtschaftsordnung mit Marktkonkurrenz und freier Unternehmerinitiative. In diesem Fall sorgt der Preismechanismus über steigende Preise für die knapper werdenden Ressourcen für Investitionen zu ihrer besseren, produktiveren Nutzung. Das unter Entwicklungsgesichtspunkten zentrale Manko der sozialistischen Planwirtschaftsordnung ist denn auch genau die Tatsache, daß bei ihr der Umschlag von extensivem zu intensivem Wachstum nicht stattfindet, ja aufgrund verfehlter Anreizstrukturen nicht stattfinden kann. So führte das starre Festhalten an vorwiegend extensivem Wachstum zu zahlreichen Deformationen der sozialistischen Volkswirtschaften, wie der Überausdehnung des industriellen auf Kosten des Dienstleistungssektors oder permanent sich verschärfender zurückgestauter Inflation, und schließlich zu einem Rückfall hinter das bereits erreichte Entwicklungsniveau. Damit aber erwies sich der lange Zeit aufgrund seiner vermeintlichen Schnelligkeit attraktiv erscheinende sozialistische Entwicklungsweg letztlich als kostspielige Sackgasse.

Bei einer stärkeren spontanen Orientierung einer sich entwickelnden Wirtschaft hin zu intensivem Wachstum kommt schließlich der Zeitpunkt für die Imitation und Adaption hochproduktiver Technologien aus dem Ausland. Jetzt erst dürfte das betreffende Land auch in großem Maßstab über die dazu notwendigen Fähigkeiten seiner Bevölkerung verfügen, nachdem sich der Humankapitalstock im Verlauf der bis dahin erfolgten Industrialisierung stark erweitert hat. Ein Land in diesem Stadium kann mit Recht als Schwellenland bezeichnet werden, denn es steht nun an der Schwelle eines Prozesses raschen Aufholens gegenüber den bereits industrialisierten Ländern. Besonders begünstigt wird dieses Aufholen vielfach durch das Faktum, daß Schwellenländer teilweise sogar schneller als etablierte Industrieländer in der Lage sind, modernste Produkte herzustellen und neueste Techniken anzuwenden. Denn sie verfügen nicht über verfestigte Strukturen in älteren Verfahren und die damit regelmäßig einhergehenden hohen Kapitalinvestitionen mit einem entsprechenden Abschreibungsbedarf (sunk costs). Demgemäß sind die gesellschaftlichen und politischen Widerstände durch interessierte Lobbies wesentlich schwächer oder nicht vorhanden, so daß Schwellenländer die Chance haben, technologisch die älteren Industrieländer partiell sogar zu überholen. Mit der Zeit verringert sich dieser Vorteil jedoch wieder bei zunehmender Verfestigung der Strukturen auch in dem Schwellenland, so daß von der Entwicklung der Schwellenländer zu Industrieländern letztlich keine dauerhafte besondere Bedrohung der Stellung der bereits länger industrialisierten Teile der Welt ausgeht.

Über Industrielle Revolutionen, Prozesse wirtschaftlicher Entwicklung, gibt es eine Fülle an Literatur aus den verschiedensten Wissenschaftsdisziplinen. Dieser Überblick konzentriert sich auf einen kleinen Ausschnitt daraus, nämlich auf die wichtigsten wirtschaftshistorischen Werke.

Da sind zuerst die großen gängigen Handbücher zu erwähnen, die eine europaweite oder internationale Perspektive der Wirtschaftsentwicklung vermitteln. In ihnen spielt die Darstellung der Industrialisierungsprozesse in den einzelnen Ländern eine überragend wichtige Rolle, jedoch wird ebenfalls die Wirtschaftsgeschichte vor und nach der Industriellen Revolution breit berücksichtigt. Das renommierteste der Handbücher dürfte ›The Cambridge Economic History of Europe‹ sein, dessen acht Bände in langen Abständen seit 1952 veröffentlicht worden sind und das, entgegen seinem Titel, auch Artikel zu den USA und Japan enthält. In gewisser Weise als Konkurrenzunternehmen erschien am Ende der sechziger und Anfang der siebziger Jahre ›The Fontana Economic History of Europe‹[1]. Seine Spezialität sind länderübergreifende, nach sachlichen Gesichtspunkten untergliederte Beiträge. Schließlich ist noch das ›Handbuch der Europäischen Wirtschafts- und Sozialgeschichte‹ zu nennen, dessen sechs Bände seit 1980 publiziert wurden.

Über die Wirtschaftsentwicklung im Zeichen Industrieller Revolutionen informierend und dabei verschiedene Länder oder ganze geographische Räume umfassend, gibt es auch eine Reihe von interessanten Monographien. Dazu gehören die zwei Bände von Alan Milward und Berrick Saul, die konventionell, aber recht knapp und präzis das ökonomische Schicksal der Länder Kontinentaleuropas nachzeichnen, im wesentlichen sich beschränkend auf das 19. Jahrhundert[2]. Ganz ähnlich geht Tom Kemp vor in seinem Buch über die teilweise steckengebliebenen Industrialisierungs-

[1] Auf deutsch: C.M. Cipolla und K. Borchardt (Hg.), Europäische Wirtschaftsgeschichte. 5 Bde, Stuttgart u.a. 1976ff.

[2] A.S. Milward und B.S. Saul, The Economic Development of Continental Europe 1780–1870. London 1973; dies., The Development of the Economies of Continental Europe 1850–1914. London 1977.

prozesse in Japan, der Sowjetunion, Brasilien, Indien und anderen, wie er sagt, »nicht-westlichen« Ländern[3]. Die beiden Ungarn Ivan Berend und György Ranki dagegen beschäftigen sich mit der Frage, warum die an der Peripherie Europas gelegenen Länder im 19. Jahrhundert, anders als Kerneuropa, keine Industriellen Revolutionen durchlaufen haben, sondern vielmehr auch im ökonomischen Sinne zur Peripherie geworden sind. Anders als hier geschehen, behandeln Berend und Ranki unter dieser Fragestellung ebenfalls Skandinavien[4].

Unter dem Gesichtspunkt des technologischen Wandels beschreibt David Landes die Entwicklung in Westeuropa seit der Industriellen Revolution in seinem Klassiker, der größtenteils ursprünglich als Beitrag in der ›Cambridge Economic History of Europe‹ publiziert worden ist[5]. Sidney Pollard hinwiederum begreift die Industrielle Revolution in Europa vorwiegend als ein Phänomen der Interaktion von Regionen, die unter Umständen auch über Staatsgrenzen hinwegreichen[6]. Cynthia Morris und Irma Adelman kommen von der Entwicklungsökonomie her und suchen dementsprechend im geschichtlichen Material nach ökonomisch interpretierbaren Mustern wirtschaftlicher Entwicklung[7]. Weniger theoretisch und stärker historisch orientiert unternahmen Pollard[8] sowie Richard Sylla und Gianni Toniolo[9] ähnliches.

In diesem Zusammenhang ist auch noch hinzuweisen auf einige wichtige Werke der vergleichenden historischen Wirt-

[3] T. Kemp, Industrialization in the Non-Western World. London u. a. 2. Aufl. 1989.

[4] I. Berend und G. Ranki, The European Periphery and Industrialization 1780–1914. Cambridge 1982.

[5] Als selbständige Veröffentlichung erstmals 1969 in englischer Sprache erschienen; auf deutsch: D. Landes, Der entfesselte Prometheus. Technologischer Wandel und industrielle Entwicklung in Westeuropa von 1750 bis zur Gegenwart. Köln 1973.

[6] S. Pollard, Peaceful Conquest. The Industrialization of Europe 1760–1970. Oxford 1981.

[7] C. T. Morris und I. Adelman, Comparative Patterns of Economic Development 1850–1914. Baltimore 1988.

[8] S. Pollard, Typology of Industrialization Processes in the 19th Century. Chur u. a. 1990.

[9] R. Sylla und G. Toniolo (Hg.), Patterns of European Industrialization. London u. a. 1991.

schaftsstatistik. Einer der Pioniere in dieser Hinsicht war der Amerikaner Simon Kuznets[10]. Ihm folgten in Europa unter anderem Paul Bairoch[11] und Angus Maddison[12]. Alle drei bemühen sich um die Erarbeitung von Mustern ökonomischer Entwicklungsprozesse und sind insoweit vergleichbar mit Morris und Adelman. Brian Mitchell dagegen kompilierte mehrere Bände mit den puren Daten der weltweiten Wirtschaftsstatistik[13]. Nützlich als Materialquelle sind schließlich einige offizielle Publikationen der Vereinten Nationen[14], der Weltbank[15] und der OECD[16].

Schließlich gibt es eine Vielzahl von Büchern, die über die Mechanismen wirtschaftlicher Entwicklung reflektieren. Natürlich gehören hierzu ökonomische Klassiker wie Adam Smith oder Karl Marx. Nachdem das Thema dann zwischenzeitlich bei den Ökonomen keine so große Rolle mehr gespielt hatte, erlebte es Ende der fünfziger und in den sechziger Jahren eine erneute Blütezeit, als im Zuge der Entkolonialisierung eine Fülle selbständiger Staaten entstand, die explizit »Entwicklungsländer« genannt wurden. Die rasche wirtschaftliche Entwicklung dieser Staaten wurde zum Ziel auch der westlichen Industrieländer, und zu diesem Zweck entwarf man die verschiedensten Rezepte. Sehr einflußreich in dieser Beziehung, insbesondere in der amerikanischen Administration, war Walt Rostow mit seiner Theorie des durch ausreichende Kapitalbildung stimulierten wirtschaftli-

[10] S. Kuznets, The Economic Growth of Nations. Total Output and Production Structure. Cambridge, Mass. 1971.

[11] P. Bairoch, Europe's National Product 1800–1975. In: Journal of European Economic History 5, 1976, S. 273ff.; ders., International Industrialization Levels from 1750 to 1980. In: Journal of European Economic History 11, 1982, S. 269ff.

[12] A. Maddison, Dynamic Forces in Capitalist Development. A Long-Run Comparative View. Oxford 1991.

[13] B.R. Mitchell, International Historical Statistics. Europe, 1750–1988. London u.a. 3. Aufl. 1992; ders., International Historical Statistics. Africa and Asia. London u.a. 1982; ders., International Historical Statistics. The Americas, 1750–1988. London u.a. 2. Aufl. 1993.

[14] UN, Statistical Yearbook; erscheint jährlich.

[15] Weltbank, Weltentwicklungsbericht; erscheint jährlich seit 1978 und enthält jeweils einen umfangreichen Anhang mit statistischen Daten, vor allem auch über die Entwicklungsländer.

[16] OECD, Historical Statistics; wird immer wieder aktualisiert und umfaßt lange Reihen von Wirtschaftsdaten für sämtliche OECD-Länder seit 1960.

chen Take-off[17]. Schon zuvor war die Theorie gleichgewichtigen Wachstums propagiert worden, derzufolge der Staat durch die Koordinierung von Investitionen in allen wichtigen Sektoren der Volkswirtschaft für einen »big push« zu sorgen hätte, so daß die gesteigerte Produktion jedes dieser Sektoren infolge erhöhter Einkommen in den anderen Bereichen tatsächlich Absatz fände[18]. Diese Theorie untermauerte also die Notwendigkeit umfassender staatlicher Entwicklungsplanung. Nicht den Planungsimpetus, wohl aber die Unabdingbarkeit gleichzeitiger Investitionen in allen wichtigen Bereichen in Frage stellend, vertrat Albert Hirschman die sogenannte Theorie ungleichgewichtigen Wachstums, das durch die Entwicklung eines Führungssektors ausgelöst würde[19]. Andererseits kam Alexander Gerschenkron, stärker als die genannten Ökonomen historisch orientiert, zu dem Ergebnis, daß der Weg eines sich industrialisierenden Landes je nach der Größe seines Rückstandes unterschiedlich verlaufe[20]. Und der Soziologe Dieter Senghaas bemühte sich, im direkten Vergleich von Ländern, die sich erfolgreich wirtschaftlich entwickelt haben, und solchen, die das nicht vermochten, die überragende Bedeutung einer nicht zu ungleichmäßigen Einkommensverteilung herauszuarbeiten[21].

Über die im Text behandelten Industriellen Revolutionen einzelner Länder kann man schon eine Menge an Material in den bisher angeführten Werken finden. Darüber hinaus gibt es jedoch noch eine breite Literatur, die sich speziell mit der Industrialisierung in jeweils einem dieser Länder befaßt. Davon können hier nur einige wenige Bücher in den gängigen Sprachen erwähnt werden.

[17] W.W. Rostow, Stadien wirtschaftlichen Wachstums. Eine Alternative zur marxistischen Entwicklungstheorie. Göttingen 2. Aufl. 1967 (englisches Original: 1960).

[18] Der klassisch gewordene Aufsatz in dieser Hinsicht ist: P. Rosenstein-Rodan, Problems of Industrialization of Eastern and South-Eastern Europe. In: Economic Journal 53, 1943, S. 202ff.

[19] A.O. Hirschman, Die Strategie der wirtschaftlichen Entwicklung. Stuttgart 1967 (englisches Original: 1958).

[20] A. Gerschenkron, Economic Backwardness in Historical Perspective. Cambridge, Mass. 1966.

[21] D. Senghaas, Von Europa lernen. Entwicklungsgeschichtliche Betrachtungen. Frankfurt a. M. 1982.

Vor allem die erste Industrielle Revolution, diejenige in Großbritannien, stand von jeher im Mittelpunkt des Forschungsinteresses. Derjenige, der sich als Historiker bereits im 19. Jahrhundert mit diesem Prozeß auseinandersetzte, war Arnold Toynbee[22]. Zu weiteren Klassikern sind inzwischen geworden die Bücher ›The First Industrial Revolution‹ von Phyllis Deane[23] und ›Industry and Empire‹ des marxistischen Autors Eric Hobsbawm[24]. Auch die stark ökonomisch-theoretisch und ökonometrisch orientierten Wirtschaftshistoriker, die sogenannten Cliometriker, haben sich der ersten Industriellen Revolution zugewandt. Eines der Resultate ist ein guter Sammelband zur Wirtschaftsgeschichte Großbritanniens seit dem 18. Jahrhundert[25]. Auf derselben Linie liegt Nick Crafts, der in seinem 1985 erschienenen Buch[26] eine Revision der geschätzten wirtschaftlichen Wachstumsraten in Großbritannien während der Industriellen Revolution vornimmt, die tiefgreifende Auswirkungen auf die Interpretation dieses Prozesses hat. Das neueste Buch zur britischen Industriellen Revolution schließlich referiert ausführlich die verschiedenen Standpunkte[27].

Einen Vergleich der wirtschaftlichen Entwicklung Großbritanniens und Frankreichs im Zeitalter ihrer Industrialisierung bieten Patrick O'Brien und Caglar Keyder[28]. Ansonsten sei für die Industrielle Revolution in Frankreich noch auf ein modernes Werk[29] hingewiesen sowie auf eine viel-

[22] A. Toynbee, Lectures on the Industrial Revolution in England. London 1884.

[23] Erschienen in Cambridge 1965.

[24] E.J. Hobsbawm, Industry and Empire. An Economic History of Britain since 1750. London 1968 (deutsch: Industrie und Empire. Britische Wirtschaftsgeschichte seit 1750. 2 Bde, Frankfurt a. M. 1969).

[25] R.C. Floud und D.N. McCloskey (Hg.), The Economic History of Britain since 1700. 2 Bde, Cambridge 1981.

[26] N.F.R. Crafts, British Economic Growth during the Industrial Revolution. Oxford 1985.

[27] P. Hudson, The Industrial Revolution. London u.a. 1992.

[28] P. K. O'Brien und C. Keyder, Economic Growth in Britain and France, 1780–1914. London 1978.

[29] M. Levy-Leboyer und F. Bourguignon, The French Economy in the 19th Century. An Essay in Econometric Analysis. Cambridge 1990 (französisches Original: Paris 1985).

bändige Wirtschafts- und Sozialgeschichte des Landes aus der Schule der Annales[30].

Die Industrielle Revolution in Deutschland wird wie diejenige in der Schweiz und in Belgien ausführlich behandelt in den weiter oben bereits genannten Handbüchern und Überblicksdarstellungen. Besonders zu erwähnen ist der Beitrag von Knut Borchardt in der ›Fontana Economic History of Europe‹, der auch separat vorliegt[31]. Außerdem ist noch zu nennen das Buch von Richard Tilly, das die gesamte neuere Literatur zu Teilaspekten des Themas verarbeitet[32]. Das ›Handbuch der deutschen Wirtschafts- und Sozialgeschichte‹[33] enthält ebenfalls zahlreiche einschlägige und gute Artikel.

In keinem anderen Land wird die Disziplin der Wirtschaftsgeschichte so stark von der Cliometrie oder »New Economic History« dominiert wie in den USA. Das zeigt sich deutlich auch bei den Darstellungen der dortigen Industriellen Revolution. Für traditionelle Beschreibungen dieses Prozesses muß man auf ältere oder ausländische Werke zurückgreifen[34]. Abweichende moderne Ansätze der Erklärung der amerikanischen Wirtschaftsentwicklung gibt es nur wenige[35]. Ansonsten überwiegen cliometrisch angelegte Studien[36], die gerade in den USA dezidiert revisionistische Analysen, beispielsweise über die Profitabilität der Institution

[30] F. Braudel und E. Labrousse (Hg.), Histoire économique et sociale de la France. 4 Bde, Paris 1970ff.

[31] K. Borchardt, Die Industrielle Revolution in Deutschland. München 1972.

[32] R.H. Tilly, Vom Zollverein zum Industriestaat. Die wirtschaftlich-soziale Entwicklung Deutschlands 1834 bis 1914. München 1990.

[33] Herausgegeben von H. Aubin und W. Zorn. 2 Bde, Stuttgart 1971 und 1976.

[34] Siehe z.B. R.M. Robertson, History of the American Economy. New York 1955, 4. Aufl. 1979; C. Landauer, Sozial- und Wirtschaftsgeschichte der Vereinigten Staaten von Amerika. Stuttgart 1981.

[35] Siehe aber: R.B. DuBoff, Accumulation and Power. An Economic History of the United States. Armonk 1989.

[36] D.C. North u.a., Growth and Welfare in the American Past. A New Economic History. Englewood Cliffs 3. Aufl. 1983; S.P. Lee und P. Passell, A New Economic View of American History. New York u.a. 1979; S.L. Engerman und R.E. Gallmann, Long-Term Factors in American Economic Growth. Chicago 1986.

der Sklaverei oder den Beitrag der Eisenbahnen zum Wirtschaftswachstum, zum Ausgangspunkt hatten[37].

Zur japanischen Wirtschaftsgeschichte gibt es einige Standardwerke auf Englisch. Dazu gehören zweifellos die älteren Bücher von William Lockwood[38] und George Allen[39], das letztere häufig wieder aufgelegt. Diese »erzählen« die japanische Industrialisierung. Dagegen wird sie in dem von Kazushi Ohkawa und Miyokei Shinohara herausgegebenen Band[40] eher »gemessen«. Es handelt sich dabei nämlich, wie schon der Untertitel besagt, um eine quantitativ-ökonometrische Arbeit. Mitte der achtziger Jahre ist zur japanischen Wirtschaftsgeschichte auch ein umfangreiches Werk auf Deutsch erschienen[41], auf das trotz gewisser Mängel hier doch hingewiesen werden soll.

Das klassische Buch zur Wirtschaftsgeschichte der frühen Sowjetunion stammt von Maurice Dobb[42]. Eine neuere Analyse dieser Periode ist seit kurzem ebenfalls verfügbar[43]. Ansonsten gibt es auf Deutsch einen Band des Sowjetunion-Spezialisten Hans Raupach[44] und einen recht guten sozialgeschichtlichen Überblick mit vielen wirtschaftshistorischen Details[45].

[37] Eine gute Zusammenfassung dieser Analysen bieten R.W. Fogel und S.L. Engerman, The Reinterpretation of American Economic History. New York u.a. 1971.

[38] W.W. Lockwood, The Economic Development of Japan. Growth and Structural Change 1868–1938. Princeton 1954.

[39] G.C. Allen, A Short Economic History of Modern Japan. London 1946, 4. Aufl. 1981.

[40] K. Ohkawa und M. Shinohara (Hg.), Patterns of Japanese Economic Development. A Quantitative Appraisal. New Haven 1979.

[41] V. Hentschel, Wirtschaftsgeschichte des modernen Japan. 2 Bde, Stuttgart 1986.

[42] M. Dobb, Soviet Economic Development since 1917. New York 1966.

[43] R.W. Davies, From Tsarism to the New Economic Policy. Birmingham 1990.

[44] H. Raupach, Geschichte der Sowjetwirtschaft. Hamburg 1964.

[45] R. Lorenz, Sozialgeschichte der Sowjetunion 1917–1945. Frankfurt a. M. 1976.

Gesellschaft
Politik
Wirtschaft

Jewgenia Albaz:
Das Geheimimperium KGB
Totengräber der Sowjetunion
dtv 30326

Timothy Garton Ash:
Ein Jahrhundert wird abgewählt
Aus den Zentren Mitteleuropas 1980-1990
dtv 30328

Fritjof Capra:
Wendezeit
Bausteine für ein neues Weltbild
dtv 30029

Das neue Denken
Ein ganzheitliches Weltbild im Spannungsfeld zwischen Naturwissenschaft und Mystik
Begegnungen und Reflexionen
dtv 30301

Alfred Grosser:
Verbrechen und Erinnerung
Der Genozid im Gedächtnis der Völker
dtv 30366

Graf Christian von Krockow:
Politik und menschliche Natur
Dämme gegen die Selbstzerstörung
dtv 30321

Heimat
Erfahrungen mit einem deutschen Thema
Aktualisierte Ausgabe
dtv 30321

Dagobert Lindlau:
Der Mob
Recherchen zum organisierten Verbrechen
dtv 30070

John R. MacArthur:
Die Schlacht der Lügen
Wie die USA den Golfkrieg verkauften
dtv 30352

Gérard Mermet:
Die Europäer
Länder, Leute, Leidenschaften
Mit zahlr. Tabellen, Karten u. Abbildungen
dtv 30340

Hans Jürgen Schultz:
Trennung
Eine Grunderfahrung des menschlichen Lebens
dtv 30001

Dorothee Sölle:
Gott im Müll
Eine andere Entdeckung Lateinamerikas
dtv 30040

Zeitbombe Mensch
Überbevölkerung und Lebenschance
Hrsg. v. Reymer Klüver
dtv 30375

Deutsche Geschichte der neuesten Zeit

vom 19. Jahrhundert bis zur Gegenwart

Fritz Blaich:
Der Schwarze Freitag
Inflation und Wirtschaftskrise
dtv 4515

Martin Broszat:
Die Machtergreifung
Der Aufstieg der NSDAP und die Zerstörung der Weimarer Republik
dtv 4516

Norbert Frei:
Der Führerstaat
Nationalsozialistische Herrschaft 1933 bis 1945
dtv 4517

Bernd-Jürgen Wendt:
Großdeutschland
Außenpolitik und Kriegsvorbereitung des Hitler-Regimes
dtv 4518

Hermann Graml:
Reichskristallnacht
Antisemitismus und Judenverfolgung im Dritten Reich
dtv 4519

Hartmut Mehringer/ Peter Steinbach:
Emigration und Widerstand
Das NS-Regime und seine Gegner
dtv 4520 (i. Vorb.)

Lothar Gruchmann:
Totaler Krieg
Vom Blitzkrieg zur bedingungslosen Kapitulation
dtv 4521

Wolfgang Benz:
Potsdam 1945
Besatzungsherrschaft und Neuaufbau
dtv 4522

Wolfgang Benz:
Die Gründung der Bundesrepublik
dtv 4523

Dietrich Staritz:
Die Gründung der DDR
Von der sowjetischen Besatzungsherrschaft zum sozialistischen Staat. dtv 4524

Kurt Sontheimer:
Die Adenauer-Ära
Grundlegung der Bundesrepublik
dtv 4525

Manfred Rexin:
Die Deutsche Demokratische Republik
dtv 4526 (i. Vorb.)

Ludolf Herbst:
Option für den Westen
Vom Marshallplan bis zum deutsch-französischen Vertrag
dtv 4527

Peter Bender:
Neue Ostpolitik
Vom Mauerbau bis zum Moskauer Vertrag
dtv 4528

Thomas Ellwein:
Krisen und Reformen
Die Bundesrepublik seit den sechziger Jahren
dtv 4529

Helga Haftendorn:
Sicherheit und Stabilität
Außenbeziehungen der Bundesrepublik zwischen Ölkrise und NATO-Doppelbeschluß
dtv 4530

Taschenbücher zum Dritten Reich

SACHBUCH

Robert Antelme:
Das Menschengeschlecht
Als Deportierter in Deutschland
dtv 11279

Alicia Appleman:
Alicia
Überleben, um Zeugnis zu geben
dtv 30350

Lothar-Günther Buchheim:
Mein Paris
Eine Stadt im Krieg
Mit 127 Fotos
dtv 11354

Inge Deutschkron:
Ich trug den gelben Stern. dtv 30000

Helen Epstein:
Die Kinder des Holocaust
Gespräche mit Söhnen und Töchtern von Überlebenden
dtv 11276

Gundolf S. Freyermuth:
Reise in die Verlorengegangenheit
Auf den Spuren deutscher Emigranten (1933 – 1940)
dtv 30345

Joe J. Heydecker:
Das Warschauer Getto
Fotodokumente eines deutschen Soldaten aus dem Jahr 1941
Vorwort v. Heinrich Böll
dtv 10247

Lea Rosh / Eberhard Jäckel:
»Der Tod ist ein Meister aus Deutschland«
Deportation und Ermordung der Juden, Kollaboration und Verweigerung in Europa
dtv 30306

Helga Schubert:
Judasfrauen
Zehn Fallgeschichten weiblicher Denunziation im Dritten Reich
dtv 11523

Krystyna Zywulska:
Tanz, Mädchen...
Vom Warschauer Getto nach Auschwitz
Ein Überlebensbericht
dtv 10983

WISSENSCHAFT

Anatomie des SS-Staates
Band I: Hans Buchheim:
Die SS – das Herrschaftsinstrument
Befehl und Gehorsam
Band II: Martin Broszat:
Konzentrationslager
Hans-Adolf Jacobson:
Kommisarbefehl
Helmut Krausnick:
Judenverfolgung
dtv 2915 und 2916

Hitlers Machtergreifung 1933
Dokumente vom Machtantritt Hitlers 30. Januar 1933 bis zur Besiegelung des Einparteienstaates 14. Juli 1933
Herausgegeben von Josef und Ruth Becker
dtv 2938

Rudolf Höß:
Kommandant in Auschwitz
Autobiographische Aufzeichnungen
dtv 2908

Ian Kershaw:
Hitlers Macht
Das Profil der NS-Herrschaft
dtv 4582

Legenden, Lügen Vorurteile
Ein Wörterbuch zur Zeitgeschichte
Herausgegeben von Wolfgang Benz
dtv 3295

Kurt Meier:
Kreuz und Hakenkreuz
Die evangelische Kirche im Dritten Reich
dtv 4590